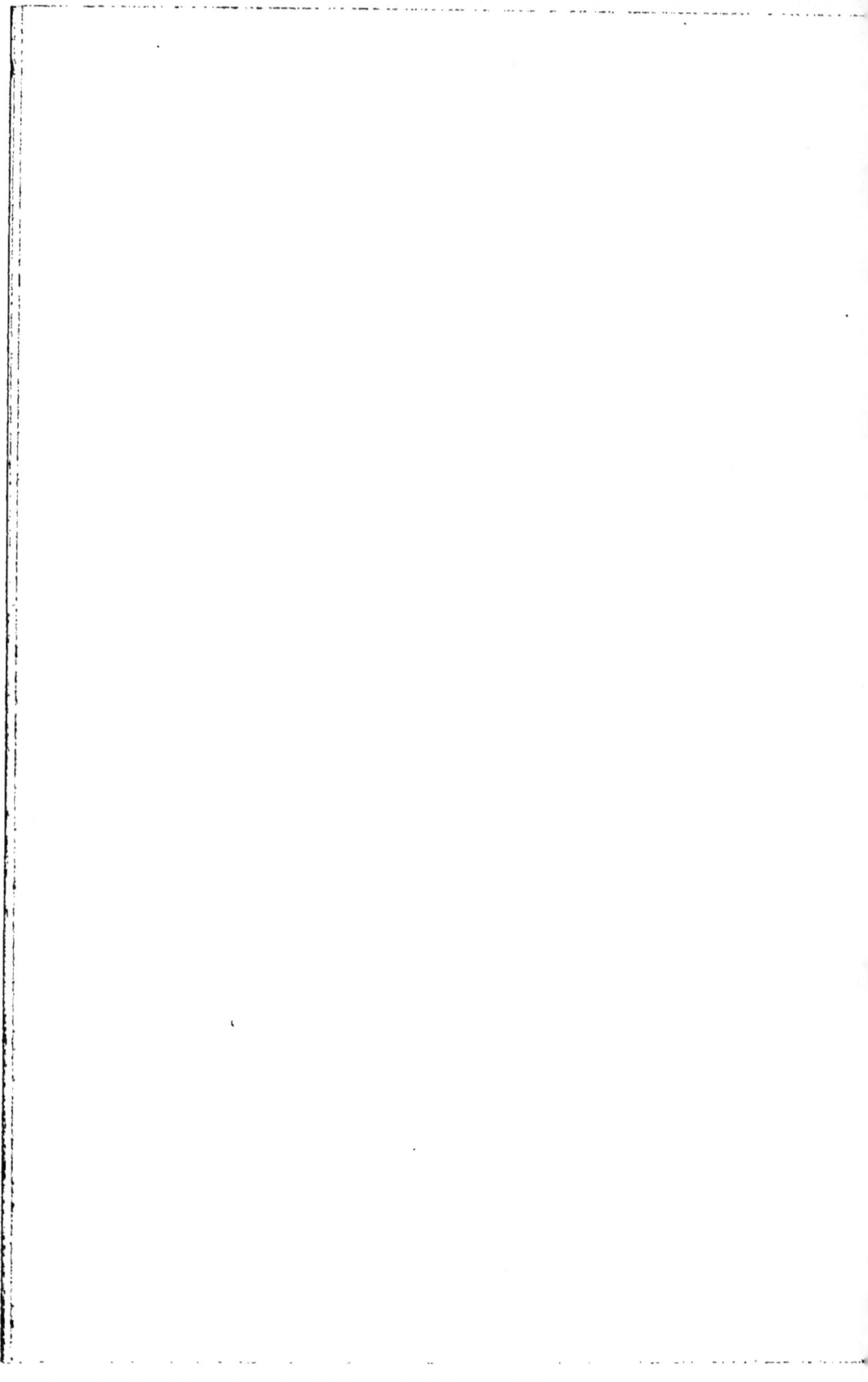

HOMMES ET CHOSES

DU

P. L. M.

HOMMES ET CHOSES

DU

P. L. M.

322

8o
6 février
5756

IL A ÉTÉ TIRÉ DE CET OUVRAGE :

100 exemplaires numérotés de 1 à 199 (n^{os} impairs)
sur vélin extra, offert par la Société Anonyme
des Papeteries de Rives, ancienne Maison
Blanchet frères, Kléber et Cie. ;

100 exemplaires numérotés de 2 à 200 (n^{os} pairs)
sur papier d'Arches, offert par la Maison
Perrigot-Masure ;

50 exemplaires numérotés de 201 à 250, sur papier
des Manufactures Impériales du Japon.

HOMMES ET CHOSES

DU

P. L. M.

*Quand surviennent les iné-
vitables caprices de la mort,
quand autour de nous tout
change et se transforme, il
est du moins, Messieurs, dans
votre Conseil, un esprit qui
résiste et demeure : c'est l'or-
gueil de nos disparus, la per-
manence de leurs enseigne-
ments et le constant souci de
répondre à votre confiance
avec la même droiture et la
même justice.*

(Rapport du Conseil d'Administration de la Compagnie P.-L.-M.
à l'Assemblée générale du
29 Avril 1910.)

AU LECTEUR

La lente soudure de chemins de fer construits ici et là au hasard des besoins régionaux, a produit ce faisceau de lignes remarquablement homogène qu'est aujourd'hui la Compagnie P.-L.-M., réseau harmonieux aux fils habilement conduits, aux mailles chaque jour plus rapprochées dont la tête est à Paris, dont les attaches tiennent à la Méditerranée et aux frontières d'Allemagne, de Suisse et d'Italie.

Ce livre est un hommage à la mémoire de ceux qui, sans jamais une défaillance, ont créé, développé, amélioré cette œuvre admirable devenue, sous leur patient et laborieux effort, l'instrument industriel le plus puissant qui soit en France.

Le Transport du Charbon. — Ancien chariot de roulage (d'après Géricault)
(*Bibliothèque Nationale. Cabinet des Estampes*)

I

L'Ingénieur BEAUNIER

Daubenton, revenant au Creusot d'un voyage où il avait visité les mines du Mont-Cenis, écrivait, en 1782, à M. de Buffon : « Toutes les routes y sont tracées par des pièces de bois, auxquelles sont adaptées des bandes de fonte sur lesquelles portent les roues des chariots qui conduisent le charbon et la mine ; et ces roues sont conduites de manière que le chariot ne peut se détourner et est obligé de suivre la route qui lui est tracée ; de sorte qu'un seul cheval, même aveugle, conduit sans gêne quatre milliers et plus. »

Telle était, en France, à la fin du XVIIIe siècle, la première ébauche d'une découverte qui ne trouva que longtemps plus tard sa forme définitive : « de résultats en résultats, d'invention en invention, de la planche de bois à la barre de fer, du glisse

Chemin de fer de St-Etienne à Lyon (*B. N., Cabinet des Estampes*)

ment au tirage, du tirage au roulage, du roulage à la vitesse, il y a une succession d'étapes diverses qui ont été lentement mais sûrement franchies (1). »

On s'occupait depuis quelques années de la possibilité de construire des voies ferrées lorsque, en 1821, sous l'influence des publications de M. de Gallois (2) et à la suite d'un voyage entrepris en Angleterre avec M. Boggio, l'ingénieur des mines Beaunier s'associa à MM. de Lur Saluces, Boigues, Milleret, Hochet et Bricogne, propriétaires de mines, pour demander au Gouvernement l'autorisation d'établir à leurs frais un chemin de fer à plans inclinés « de la Loire au pont de l'Ane, sur la rivière de Furens, par le territoire houiller de Saint-Etienne (3) ».

L'idée ne semble pas avoir eu grand succès dans la région. Milleret raconte, en effet, qu'étant allé faire à Saint-Etienne les démarches utiles, il fut hué par les habitants qui, au chemin de fer, préféraient un canal pour y pêcher à leurs moments perdus.

La concession sollicitée fut accordée par ordonnance du roi Louis XVIII en date du 26 février 1823, « attendu que le

(1) *Bibliographie des Chemins de fer* (P.-C. Laurent de Villedeuil).

(2) Mémoire présenté à l'Académie Royale des Sciences, le 11 mai 1818, par M. de Gallois, ingénieur des mines, « relatif aux chemins de fer usités en Angleterre, et notamment à Newcastle et dans le Northumberland ».

(3) Beaunier avait sous ses ordres, à l'École des Mineurs de Saint-Étienne, — dont il fut le fondateur et le premier directeur, — Pierre-Michel Moisson-Desroches, professeur d'exploitation des mines — qui, dès 1814, avait adressé à Napoléon un « Mémoire sur la possibilité d'abréger les distances en sillonnant l'Empire de sept grandes voies ferrées ». Ce promoteur des chemins de fer en France collabora sans doute à la construction de la première voie française.

Chemin de fer de St-Étienne à Lyon *(B. N. Cabinet des Estampes)*

commerce et l'industrie retireront de grands avantages de cet établissement, particulièrement pour le transport de la houille que fournissent en abondance les contrées qu'il doit traver, ser ».

Pour s'indemniser des frais de construction et d'entretien, la Compagnie exploitante était autorisée à percevoir à perpétuité « un droit de o fr. o186 par 1.000 mètres de distance et par hectolitre de houille et de coak, ou par 50 kilogrammes de matières et de marchandises de toutes sortes ».L'ordonnance ne stipulait pas de tarifs de voyageurs, pour la raison bien simple que ni les promoteurs de l'affaire, ni le Gouvernement ne prévoyaient le transport des personnes.

L'année suivante, par acte devant Mᵉ Maine-Glatigny, notaire à Paris, des 3 et 4 juin 1824, les concessionnaires formaient une Société anonyme dite « Compagnie du Chemin de fer de Saint-Etienne à la Loire », au capital de un million, divisé en 200 actions de 5.000 francs. Beaunier était nommé directeur aux appointements de 4.000 francs par an et recevait gratuitement, en rémunération de ses travaux préliminaires, huit actions d'industrie ayant droit à leur part dans les bénéfices.

Il fallut tout d'abord démontrer par des expériences que l'ouvrage entrepris était praticable et utile. A cet effet, M. Saignol, chargé de l'exécution des travaux sous les ordres de Beaunier, installa dans la cour de la maison qui porte aujourd'hui le numéro 7 de la rue de la Préfecture, à Saint-Étienne, un chemin de fer en miniature sur lequel couraient de petits wagons au moyen desquels on se livra, sur une échelle réduite, à des expériences concernant notamment

Convoi de waggons chargés de marchandises (d'après Engelmann)
(*Collection du P.-L.-M.*)

l'action de la force centrifuge sur les véhicules dans les parties courbes de la voie (1).

Les cent vingt-deux propriétaires touchés par le tracé opposèrent « la plus énergique et la plus aveugle résistance » (2). Leur expropriation dura deux ans. Malgré ce retard, la voie put être ouverte le 1er octobre 1828 de Saint-Étienne à Andrézieux, sur une longueur de 21 kilomètres 286 mètres y compris les embranchements reliant les exploitations.

Elle allait du pont de l'Ane, sur la route de Saint-Étienne à Lyon, au petit port d'Andrézieux sur la Loire. La gare

Chemin de fer de St-Étienne à Andrézieux. Gare de St-Rambert (d'après Deroy)
(*Col. du P.-L.-M.*)

(1) Communication de M. Delestrac, ingénieur en chef des Ponts et Chaussées (Association française pour l'avancement des sciences, 26e Session).
(2) Assemblée du 30 janvier 1826.

Convoi de waggons chargés de houille traînés par un remorqueur à vapeur
(d'après Engelmann) *(Collection du P.-L.-M.)*

de Saint-Etienne était placée du côté de La Terrasse, au point où se trouvent actuellement les abattoirs. Le chemin de fer suivait les sinuosités du terrain, évitant les ouvrages d'art et les forts terrassements au moyen de courbes nombreuses et de faible rayon. Il était à une seule voie avec des garages de distance en distance pour le croisement des trains. Les rails, en fonte, s'appuyaient sur des coussinets de fonte, eux aussi, fixés à leur extrémité sur des dés en pierre. La construction avait coûté 1.554.000 francs, et l'outillage 230.000 francs. Le halage était fait par des chevaux tirant chacun trois wagons portant 30 hectolitres de houille (1). Le tonnage pouvait être évalué à 120.000 tonnes.

Ce chemin de fer, le premier construit en France, avait l'inconvénient d'aboutir à un point où la Loire n'était pas navigable à la remonte et ne l'était que pendant quelques jours de l'année à la descente : « la navigation de Roanne à Andrézieux étant impossible, les bateaux, une fois partis de ce dernier port, descendaient et ne revenaient plus. Vendus à vil prix après ce service temporaire, et démolis ensuite, il en résultait une surcharge énorme pour les frais de transport (2). »

Deux ingénieurs, MM. Mellet et Henry, se proposèrent de combler cette lacune en prolongeant le rail d'Andrézieux jusqu'à Roanne, où la navigation avait lieu dans les deux sens et pendant la plus grande partie de l'année.

Ils sollicitèrent à cet effet et obtinrent le 1er juillet 1828, après adjudication, la concession d'un chemin de fer. Mais l'affaire, insuffisamment étudiée, eut une existence éphémère.

(1) Le 30 avril 1843 seulement, l'Assemblée Générale des actionnaires vota un emprunt de 300.000 francs destiné à l'achat de deux locomotives, mais la traction animale ne subsista pas moins à côté de la traction mécanique.

(2) Mellet et Henry : Mémoire sur les chemins de fer de la Loire (1828)

D'abord dissoute, puis mise en faillite le 1er avril 1836, reconstituée grâce à l'intervention de l'État qui lui consentit le 15 juillet 1840 un prêt de 4 millions, elle vécut péniblement jusqu'au jour où, à l'exemple de la Société de Saint-Étienne à Andrézieux, elle céda ses droits à la Compagnie du Chemin de fer de jonction du Rhône à la Loire.

(D'après Bertall)
(Cahier des Charges des Chemins de fer, Hetzel 1847)

Marc SEGUIN

L'Industrie est devenue la vie des peuples.

SEGUIN aîné.

Le confortable à l'origine des chemins de fer (d'après V. Adam)
(*Collection de M. R. Garnier*)

II

LES FRÈRES SEGUIN [1]

Tandis que l'ingénieur Beaunier dirigeait les travaux du chemin de fer de Saint-Etienne à la Loire, MM. Seguin, d'Annonay, sollicitaient de concert avec l'éminent académicien Biot, le droit de construire, de Saint-Etienne à Lyon, un chemin de fer qui serait « le moyen le plus sûr et le seul praticable de réaliser le grand bienfait si longtemps désiré de la jonction de la Loire et du Rhône ».

Le Gouvernement, soucieux d'éviter tout reproche de partialité, se résolut à faire appel à la concurrence, et le *Moniteur* du 7 février 1826 publia l'avis de la mise en adjudication de l'entreprise du chemin de fer de Saint-Etienne à Lyon par

(1) La famille Seguin, originaire d'Alexandrie d'Egypte, était venue se fixer en Dauphiné à la fin du XVIe siècle. L'un de ses descendants, Marc Seguin « l'ancêtre » s'établit à Annonay où il entreprit le commerce de la draperie. Son fils Marc François, président du Tribunal de Commerce en 1817, eut, de son mariage avec Marie-Augustine-Thérèse de Montgolfier, six enfants dont cinq garçons : Marc (« Seguin l'aîné »), Camille, Jules, Paul et Charles qui furent les inventeurs des ponts suspendus « en fil de fer », les associés de Pierre François de Montgolfier et de Daniel d'Ayme dans les premiers essais de navigation à vapeur sur le Rhône, et les constructeurs du chemin de fer de Saint-Etienne à Lyon.

Biot (Jean-Baptiste) (d'après Boilly) 1820
(*B. N., Cabinet des Estampes*)

Saint-Chamond, Rive-de-Gier et Givors, au rabais sur le prix de 0 fr. 15 par tonne de marchandise et par kilomètre.

L'adjudication, prononcée au profit de MM. Seguin frères, E. Biot et Cie au prix de 0 fr. 098, fut approuvée par ordonnance royale du 7 juin 1826.

L'année suivante, 6 mars 1827, Me Beaudesson, notaire à Paris, recevait les statuts de la nouvelle Compagnie. Le fonds social était fixé à 10 millions. MM. Seguin frères et Biot avaient seuls la direction et la conduite des travaux.

L'œuvre ne trouva pas, à ses débuts, un concours bien empressé : « le public reste dans le soupçon fondé d'une excessive dépense et dans le doute du succès au physique et au moral. Rien n'est, en effet, plus capable d'entretenir ce doute qu'une entreprise gigantesque d'un genre inconnu parmi nous, que l'enthousiasme de la nouveauté a pu accueillir et préconiser, mais dont la réflexion a fait justice ; aussi n'y a-t-il à Lyon, Saint-Étienne et Saint-Chamond aucun empressement à acheter des actions. Le sort de l'entreprise est fixé par deux vices essentiels : l'énorme excessivité de la dépense capitale de construction et la modicité du tarif de la voiture. » (1)

L'écho de ces préoccupations dicta au Conseil, dès son entrée en fonction, cette sage déclaration de principe : « L'économie est le premier élément de succès pour toutes les entreprises, comme le premier devoir imposé à ceux qui administrent les deniers d'autrui. »

De fait les dépenses d'installation furent réduites au minimum : « un seul agent est dépositaire des archives, registres, talon des actions, de la correspondance et de tous les docu-

(1) Lettre sur les chemins de fer et particulièrement sur celui de Lyon à Saint-Étienne en passant par Givors, Rive-de-Gier et Saint-Chamond. — Paris, Poussielgue-Rusand 1827.

— 16 —

ments, papiers et écritures de la société. Il est chargé de la comptabilité, de la tenue des livres, des transferts, conversions et mutations d'actions, enfin du soin de toutes les affaires sous la direction et la surveillance du conseil. Il fournit dans sa maison un local pour les bureaux, une salle pour les délibérations, il solde à forfait, et sur la somme allouée, sans exception toutes les dépenses de ce genre. Son traitement, en y comprenant toutes les dépenses qu'il doit solder et acquitter, est fixé par abonnement à 6.000 francs. » (1)

A côté du Conseil, des commissaires, chargés par l'Assemblée Générale de l'examen des comptes des gérants, apportaient dans leur mission le louable souci « de ne pas laisser s'introduire dans la comptabilité d'une grande compagnie l'abandon, d'ailleurs si louable, des mœurs de famille ». Leurs rapports témoignent d'un scrupule du détail qui ferait sourire les commissaires d'aujourd'hui. A l'Assemblée du 20 décembre 1828, relevant les frais d'un voyage qu'avaient fait en Angleterre, accompagnés d'un interprète, M. Seguin aîné, son frère Charles et M. Gaillard, l'un de leurs employés supérieurs, ils disent aux actionnaires : « Du 9 décembre au 3 février il y a 57 jours qui, multipliés par 4 personnes, donnent 228 jours pour une. Il a été dépensé 7.234 fr. 15, c'est 31 fr. 75 par jour pour chacune des 4 personnes. C'est à vous Messieurs, qui avez visité l'Angleterre, de juger si la dépense est trop forte ». (2) Plus loin, ils critiquent l'achat de « deux manteaux de voyage ayant coûté 290 fr. 75

Pie VII visite les bords de la Saône, 1803
(*B. N., Cabinet des Estampes*)

(1) Rapport du Conseil d'Administration, 20 décembre 1827.

(2) Marc et Charles Seguin étaient accompagnés de leur cousin Pierre-François de Montgolfier et de l'astronome Binet. Ils visitèrent les pius importantes usines métallurgiques et les chantiers de chemins de fer en construction et furent présentés aux savants les mieux qualifiés : Herschell, Humphry Davy, Faraday, George Stephenson.

— 17 —

et que MM. Seguin regardent comme indispensables pour les tournées à faire sur la ligne des travaux, quelque mauvais que soit le temps par lequel elles doivent être faites ». L'année suivante, ils s'étonnent de l'acquisition d'une calèche « portée dans l'article des outils » et observent, « qu'en dépouillant le compte de la caisse de Saint-Étienne, ils ont remarqué un article de dépense pour nourriture d'un cheval pendant près de 3 mois, sans trouver les détails motivés de cette dépense ».

L'acquisition des terrains — plus de 900 parcelles — nécessaires à l'établissement de la voie dut se faire de gré à gré, les lois d'expropriation pour cause d'utilité publique n'étant pas encore en vigueur.

Les prix payés dépassèrent les prévisions : Jules Seguin avait cru être très large en inscrivant de ce chef au budget une somme de 1.200.000 francs. Il fallut dépenser 3.633.000 francs. Et pourtant on usa de tous les ménagements pour se concilier le bon vouloir des propriétaires. « Une seule propriété d'une grande valeur se trouvait dans la direction du rail : la balance de la dépense eût été en faveur du projet qui eût divisé le clos du jardin et de la maison d'habitation ; mais décidés à montrer aux propriétaires que, lorsque notre limite de dépense nous le permettait, nous préférions faire des dépenses en travaux d'art que de les déranger de leurs habitudes, nous avons placé le rail dans la partie inférieure de son clos, sur une chaussée de dix mètres de haut, et acquis, de cette manière, nous espérons, un titre à sa bienveillance en faveur de l'établissement projeté. Un second propriétaire, qui voyait avec peine ses prairies d'un grand rapport coupées sur une étendue considérable, a conçu subitement que ses revenus étaient plus solidement établis sur le chemin de fer, et a accepté avec empressement l'offre qui lui était faite d'être indemnisé en actions. » (1)

Cette première opération terminée, et pendant que Biot procédait avec la plus grande précision au nivellement de la ligne, que Camille, Paul et Charles Seguin administraient les finances, organisaient les chantiers et rédigeaient les contrats, Marc Seguin s'appliquait à résoudre les questions de matériel et de traction : pourrait-on utiliser des locomotives sur toutes

(1) Rapport sur le chemin de fer de Saint-Étienne à Lyon (Seguin frères. Ed. Biolet Compagnie, 1826).

Arago (Dominique-François-Jean) (d'après Tardieu, 1824) (*B. N. Cabinet des Estampes*)

les pentes du chemin ou devrait-on recourir à « un système de halage analogue à celui de la remorque à points fixes par la vapeur » ?

Il avait obtenu du Gouvernement l'autorisation d'introduire en franchise, au prix de 12.500 francs l'une, deux machines provenant des ateliers Stephenson à Newcastle pour servir de modèles aux constructeurs français. Mais ces locomotives ne lui donnaient pas satisfaction.

Leur énorme pesanteur, l'insuffisance de leur vitesse lui faisaient craindre qu'elles ne pussent remonter les pentes qu'avec beaucoup de difficultés, et seulement avec un très petit nombre de wagons peu chargés. Pour remédier à ces inconvénients, il fallait augmenter les moyens de production de la vapeur. Marc Seguin imagina « de multiplier les surfaces échauffantes en faisant passer l'air chaud provenant de la combustion à travers une série de tubes plongés dans l'eau de la chaudière ». Sur ce principe il construisit une locomotive moins lourde et aussi forte que les machines anglaises dont « le feu au lieu d'être alimenté par l'air attiré par une cheminée qui s'élève à quinze pieds, comme dans la machine anglaise, l'était au contraire par de l'air poussé dans le foyer par un ventilateur mis en mouvement par la machine elle-même, ce qui donnait le moyen de substituer à une haute et lourde cheminée une cheminée basse et légère ».

Une première expérience eut lieu le 7 novembre 1829. Le

Voitures pour voyageurs de 1re classe dites financières et de 2me classe dites cadres (d'après Engelmann) (*Collection du P.-L.-M.*)

feu fut allumé à onze heures et demie et, à midi six minutes, la machine manœuvrait sur un chemin de fer d'essai d'environ cent quarante mètres de long établi dans le chantier Perrache, et qui présentait les difficultés les plus grandes que l'on aurait à surmonter sur la ligne, savoir, une pente de quatorze millimètres, et une courbe de cinq cents mètres de rayon. « La machine remorquait 4 wagons chargés de 15 tonnes de fonte de fer ; ainsi, en ajoutant au poids remonté celui des wagons, elle a remorqué en montant 19 tonnes. Elle a exécuté cette manœuvre avec la plus grande facilité. On l'a fait arrêter au milieu de la pente la plus forte, afin de s'assurer qu'elle pourrait surmonter cet obstacle sans être aidée par le mouvement précédemment acquis. Après quelques instants de repos, elle est repartie sans la moindre difficulté ; la manœuvre s'est continuée pendant près d'une heure avec le même succès. Le mouvement était à la montée de deux mètres par seconde ; il y avait deux hommes sur le chariot de suite ; ils suffisaient parfaitement au service, et cependant ils avaient à changer de direction à chaque instant, étant obligés d'aller et venir sans cesse. » (1)

La réussite fut telle que les gérants convoquèrent aussitôt le Conseil et les commissaires à un second essai dont le compte rendu figure au rapport du 21 décembre 1829 : « L'expérience du 12, où assistèrent tous les commissaires eut moins de succès ; c'est précisément notre présence qui en fut indirectement la cause. On nous attendait ; on avait tout graissé avec le plus grand soin, et plus qu'il ne fallait ; la graisse échauffée coula sur les roues de la machine et sur les rails, de telle sorte que les roues, au lieu d'être aidées par le frottement à vaincre la résis-

---

(1) C'est grâce à l'emploi de la chaudière tubulaire adaptée à sa machine « The Rocket » que Stephenson sortit vainqueur du concours de locomotives ouvert en 1829 par le chemin de fer de Liverpool à Manchester.

Quelques années plus tard, du haut de la tribune, François Arago rendit à Marc Seguin l'éclatant hommage qui lui était dû : « Pour que les machines marchent avec de grandes vitesses, il faut que la chaudière fournisse, sans cesse et sans retard, à la consommation du corps de pompe. Une immense chaudière résoudrait ce problème, mais elle pèserait immensément ; et la machine, loin d'entraîner avec une incroyable rapidité des files de wagons, se déplacerait à peine elle-même. Eh bien ! Messieurs, la personne qui est parvenue à imaginer une chaudière de petites dimensions, d'un poids médiocre, et qui cependant fournit largement à la consommation de la locomotive, c'est notre compatriote, M. Marc Seguin... Si les admirables locomotives anglaises se meuvent avec une vitesse qui effraie l'imagination, elles le doivent à la belle et ingénieuse découverte de M. Seguin... »

(Moniteur du 25 juin 1837).

Un train de plaisir un peu trop gai

— Et dire que maintenant voilà tous les voyageurs qui nous passent devant le nez.

d'après DAUMIER.   (B. N. Cabinet des Estampes

Voitures pour voyageurs descendant, sans chevaux ni machines, de St-Etienne à Givors
(d'après Engelmann) (*Collection du P.-L.-M.*)

tance des wagons, tournaient en glissant sur les rails. Quoiqu'il ait été pris diverses précautions pour les nettoyer, l'effet de la graisse se fit sentir pendant toute la durée de l'expérience. Cependant, malgré ces inconvénients, l'on put porter le nombre des wagons remorqués à 6 et le poids dont ils étaient chargés à 17 tonnes 1/2. Mais la machine remontait lentement avec cette charge, et elle ne put entraîner les 6 wagons lorsque leur charge fut élevée jusqu'à 18 tonnes. Nous pensons cependant qu'elle les eût fait mouvoir si les rails avaient été dans l'état où ils seront toujours sur la ligne, c'est-à-dire non graissés. D'ailleurs il faut remarquer que les wagons dont on se servait étaient tout neufs, et que les points de frottement n'étaient pas encore adoucis par l'usage. »

Sur la section de Rive-de-Gier à Givors achevée en 1830 et mise aussitôt en exploitation, on employa, pour la traction, des locomotives concurremment avec des chevaux, le conseil n'ayant pas encore décidé définitivement « si les machines seraient commercialement plus avantageuses ou moins avantageuses que les chevaux ».

Au début on ne transporta que la houille. Bientôt on accepta quelques voyageurs : « Nous avons fait, dans les six derniers mois, pour 3.233 fr. 08 de frais de transport de voyageurs. Ne pensez pas qu'on ait eu pour cela à leur offrir de bonnes voitures bien préparées ; c'étaient seulement quelques chariots vides, souvent ceux qui portent nos charbons ; et le chiffre de centimes que nous avons conservé vous dit assez quel était le prix des places. Ce n'a donc pas été la classe opulente que l'on a transportée ainsi, ça été le peuple : or c'est le peuple qui, dans ce genre, fait partout les plus grandes consommations. » (1)

(1) Rapport du Conseil d'Administration, 20 décembre 1831.

— 23 —

Diligence embourbée (d'après V. Adam) (*B. N. Cabinet des Estampes*)

Aussi l'avenir apparaît plein de promesses : «Que sera le mouvement de voyageurs lorsque Lyon et Saint-Étienne seront jointes, et que les grands comme les petits, les riches comme les pauvres, trouvant des voitures de diverses classes et des prix appropriés à toutes les fortunes pourront, en peu d'heures, transporter d'une de ces villes à l'autre leurs spéculations, leurs goûts, leurs plaisirs, leurs affaires et leurs besoins? Vouloir essayer de fixer d'avance le chiffre d'un pareil produit, c'est évidemment ne pas comprendre la grandeur démesurée des causes qui concourent à l'opérer... Avec les voyageurs, viennent les transports de leurs effets, les ballots de marchandises précieuses, les commissions, les expéditions, le service des lettres; car, quelle estafette le pourra mieux faire et plus continûment que nous? De Lyon à Saint-Étienne on s'écrira comme dans une même ville. Et quel mouvement d'affaires de tous genres résultera d'une pareille activité!...» (1)

Les voyageurs, il convient de le dire, partageaient l'enthousiasme du Conseil : « les chariots sont attachés à la suite des

(1) Rapport du Conseil d'Administration, 20 décembre 1831.

convois et, comme ceux-ci, descendent à raison de six lieues à l'heure et souvent davantage, le voyageur novice en éprouve un étonnement mêlé de plaisir ; ses yeux sont récréés par la vue du paysage pittoresque qui borde la route tracée dans la vallée du Gier, sur la rive droite de cette rivière, au pied de collines couvertes de bois et de vignobles. Sur la rive gauche, on aperçoit le canal et les haleurs tirant péniblement les bateaux qui mettent deux jours pour parcourir la distance que l'on franchit en moins d'une heure. » (1)

Le 15 décembre 1832, MM. Seguin frères et Biot purent annoncer à leurs actionnaires que les travaux de la voie étaient terminés. Deux progrès importants avaient été réalisés : le remplacement des rails en fonte employés en Angleterre par des rails en fer, et la substitution des traverses en bois aux dés en pierre sur lesquels reposaient les rails.

Le chemin de fer constituait un véritable champ d'expé-

(1) Situation du chemin de fer de Saint-Étienne à Lyon au commencement de 1832, par Alp. Peyret. Saint-Étienne, Boyer 1832.

Douane (d'après V. Adam) (*B. N. Cabinet des Estampes*)

riences : tous les moyens de traction étaient employés concurremment : chevaux, câbles, machines fixes, locomotives ; on
voyait même, sur les pentes rapides, les voitures abandonnées
à elles-mêmes, dévaler par leur propre poids. Les trains s'arrêtaient à volonté pour laisser monter et descendre les voyageurs.
La vitesse des locomotives était réglée « de manière à faire
régulièrement quatre lieues à l'heure, ce qui nous a paru suffire
à tous les besoins, et parer aux déplorables accidents et à la
prompte détérioration des rails qui, en Angleterre, a été la suite
des grandes vitesses que l'on avait adoptées ». (1)

Malgré ces précautions, un accident survint l'année suivante
dont le Conseil rend compte dans son rapport du 5 juillet 1833 :
« Jusqu'ici il n'est arrivé aucun accident aux voyageurs qui, en
fréquentant le chemin de fer, se sont astreints aux règlements
très simples qui leur étaient imposés ; l'ensemble des précautions que nous avions prescrites et l'ordre du service, fidèlement
exécuté par nos employés, ont généralement suffi pour les
prévenir. Nous n'avons pu empêcher cependant que des plaintes
se soient élevées dans les journaux du pays, et aient été répétées
par ceux de la capitale, en dénaturant les faits les plus simples ;
car quelques intérêts ont été froissés, et l'on a été d'autant plus
enclin à décrier notre administration, que l'on se trouvait plus
directement atteint par la concurrence de notre entreprise.
C'est ainsi qu'un journal de Saint-Étienne, et, par suite, quelques
autres journaux, ont affirmé que, le 8 mai, une voiture de
voyageurs s'était rencontrée avec un convoi de descente dans
le percement de Terre-Noire, et que le conducteur s'était écrié :
« Nous sommes tous perdus », tandis que cette rencontre se bor-
nait simplement à un convoi de wagons vides, qui, montant plus
lentement que les voitures, avait été rejoint par elles ; un enfant
placé sur le devant de la voiture en fut effrayé, pensant que
c'était un convoi de descente dont il allait recevoir le choc. »

Il y eut une sanction. On interdit formellement aux conducteurs de dépasser dans aucun cas cinq lieues à l'heure. Double
avantage : plus d'accidents et moins de frais, car, ajoute le
rapport : « nos machines seront ainsi moins détériorées et
dureront plus longtemps ». L'économie était à l'ordre du jour :

(1) Rapport du Conseil d'Administration, 2c décembre 1832

les évaluations du début avaient été fortement dépassées, les dépenses couraient plus vite que les recettes et, par prudence financière, la traction animale assurait seule, en cinq heures, le service des voyageurs entre Lyon et Saint-Étienne.

En 1834, il n'y a que dix locomotives en état de fonctionner, toutes occupées au transport de la houille et le Conseil, encore une fois, se pose sans la résoudre, « la grave question de savoir s'il est dans l'intérêt de la compagnie de substituer les machines à vapeur aux chevaux pour la totalité du service du chemin de fer ». Faute d'argent il met simplement à l'étude « la recherche des moyens les plus convenables, dans l'état actuel de ses finances, pour pourvoir aux dépenses considérables qu'entraînerait l'adoption exclusive de ces puissants moteurs ». (1)

En 1838 le service des voyageurs entre Rive-de-Gier et Lyon, c'est à dire sur les deux tiers du parcours, put être assuré par des locomotives. Mais la réparation des dommages occasionnés par les inondations de 1840 qui ensablèrent les gares de Perrache et de Givors et emportèrent le pont de la Mulatière, absorba pour un temps toutes les disponibilités de la Compagnie. On se borna, les années suivantes, à prolonger la traction mécanique jusqu'à Saint-Chamond d'abord, puis jusqu'à Terre-Noire, amélioration qui permit de traiter pour le transport des

Voiture de roulier (d'après V. Adam)
(B. N., Cabinet des Estampes)

(1) Inventaire du matériel, 31 octobre 1834.

Formation du train des Messageries à la gare de Paris (d'après Bayot)
(*Collection de M. R. Garnier*)

lettres moyennant un abonnement annuel de 11.500 francs.

Enfin, 1er août 1844, suppression définitive des chevaux : le parcours de Lyon à Saint-Étienne s'effectue, y compris les arrêts dans les stations intermédiaires, en deux heures trente-cinq minutes. Dès lors le nombre des voyageurs transportés augmente chaque année : 171.468 en 1834, 578.285 en 1844, 756.189 en 1852, progression constante que ralentissent à peine la concurrence des bateaux à vapeur du Rhône, le grave accident de Pierre Bénite (1846), et les événements de 1848.

L'affaire définitivement sortie de la période des tâtonnements et des essais était robuste et saine. Les frères Seguin eurent l'ambition d'en faire le pivot d'un organisme puissant qui confondrait dans une action commune les trois compagnies dont les rails mettaient en communication le Rhône et la Loire.

Une société formée sous leurs auspices avec le concours de M. le duc de Mouchy, sénateur, de MM. Benoît Fould, banquier, G. des Arts, administrateur du chemin de fer de Saint-Germain et G. Delahante, administrateur des Mines de la Loire, réunit les lignes de Saint-Étienne à Lyon, de Saint-Étienne à la Loire, d'Andrézieux à Roanne et de Saint-Étienne à Montrambert (1) en une seule concession d'une durée de 99 ans sous la dénomination de « Compagnie des chemins de fer de jonction du Rhône à la Loire ». (2) Le capital était fixé à 30 millions divisé en 60.000 actions de cinq cents francs dont les principaux souscripteurs furent M. le duc de Galliera, MM. Émile et Isaac Pereire, Paulin Talabot, Ch. Mallet et les frères Seguin.

Quelques mois plus tard, la nouvelle Société fusionnait à son tour avec la Compagnie du Grand-Central que venait de fonder le comte de Morny.

* * *

Au moment où s'achevait la ligne de Saint-Étienne à Lyon (1832), l'un des plus riches entrepreneurs de Paris, M. Delorme, le constructeur du passage Delorme entre la rue de Rivoli et la rue Saint-Honoré, soumissionnait la construction d'un chemin de fer de Lyon à Marseille, « qui permettrait d'alimenter avec rapidité quarante départements alors qu'une disette de céréales s'y ferait sentir, et que les ports de la Méditerranée et de la mer Noire en enverraient abondamment dans celui de Marseille ».

L'idée était prématurée.

Elle souleva dans la région lyonnaise la plus vive émotion.

Les commissionnaires-chargeurs, voituriers, chefs d'équipages, entrepreneurs de diligences, maîtres de paquebots, hôteliers, marins, maîtres de port, constructeurs de bateaux, cordiers, maréchaux, charrons établis sur les bords du Rhône et de la Saône et sur la route de Lyon à Marseille présentèrent aux Chambres législatives une pétition où on lit : « A la première annonce du gigantesque projet d'un chemin de fer parallèle à la route de Paris à Marseille, un cri d'alarme s'est fait entendre sur tout le littoral du Rhône, non pas seulement du sein des mille familles qui tirent leur subsistance de la navigation de ce fleuve, mais encore parmi les populations agricoles

(1) Le chemin de fer de Saint-Étienne a Montrambert avait été concédé par ordonnance royale du 2 avril 1843.

(2) Statuts passés devant Mᵉˢ Jean Dufour et Emile Fould, notaires a Paris, le 29 juin 1853.

qui lui doivent toute leur richesse. A ce cri répondent les peuplades rapprochées de la route par terre, couverte elle-même de voituriers, d'hôteliers, de maîtres de diligence, de commissionnaires chargeurs, de charrons et d'une infinité d'artisans qui ne vivent que des voyages ou par les voyages. L'agriculture elle-même à laquelle on enlèverait, pour asseoir le chemin de fer, un sol de 4.000 hectares, et qui verrait diminuer de plus de moitié la consommation locale de ses produits, s'effraie à bon droit de la double perte qui la menace. »

Un autre mémoire, publié à la même époque (1), précise les motifs de l'opposition du commerce lyonnais. Il y a, dit-il, tous les jours 40.000 chevaux en activité sur la route de Marseille à Lyon, ce qui suppose 10.000 charrettes à quatre chevaux, portant chacune 3.000 kilogrammes, donnant un produit de 131.400.000 francs, qui profitent : 1° aux voituriers, qui sont presque tous du pays; 2° aux propriétaires des denrées locales; 3° aux ouvriers de toute espèce : aubergistes, forgerons, maréchaux, artistes vétérinaires, charrons, bourreliers, cordiers, bâcheurs, garçons d'écurie, servantes d'auberge, loueurs de chevaux pour les montées, conducteurs de ces chevaux, etc.; 4° aux commissionnaires de roulage dans les villes et à leurs employés. Le chemin de fer fera le travail des 10.000 charrettes et n'exigera que 36 millions pour le prix de ce travail. « Voilà donc cent mille personnes ruinées et bien profondément ruinées sans pouvoir se récupérer d'un autre côté, car c'est une grande absurdité que de dire : « Ces gens-là cultiveront les terres! » Et cela dans un pays où il n'y a pas un pouce de terrain en friche, où le blé a peine à valoir, bon an, mal an, 4 francs le double décalitre. Et à quel usage seront attribuées les sommes ainsi retirées de la région? Aux mines de houille, qui fourniront le charbon pour alimenter les machines locomotrices (ces mines ne sont pas sur la route), aux achats de fer (qui se font au Creusot), à servir le dividende aux actionnaires (qui résident peut-être tous à Paris). » Enfin, dernière objection : craintes de la fabrique lyonnaise de voir les Anglais exporter les soies grèges des Cévennes, les mouliner à leur usage et donner ainsi à leurs

(1) Mémoire contre le chemin de fer de Marseille à Lyon et contre l'exportation des soies grèges, par N.-F. Bourget, de Lyon. — Lyon, 1833.

tissus de soie la qualité de ceux de Lyon. « Exporter des soies grèges, c'est comme si on exportait le raisin de Bordeaux pour aller le cuver à Londres ! »

Devant de tels arguments, M. Delorme n'insista pas.

Douze ans plus tard, Paulin Talabot devait reprendre l'affaire et la mener à bonne fin.

"La Cour des Messageries", titre de romance (d'après Victor Coindre)
(B. N. Cabinet des Estampes)

Paulin TALABOT

D'après un Daguerréotype (*Apparlient à M. le baron J. de Nervo*).

Avec des routes, des chemins de fer, des canaux, des boulevards et des rues, ils ont écrit leur doctrine sur le sol.

Émile PÉREIRE.

Vue de la Foire de Beaucaire et du Pont Suspendu (d'après Jusky).
(*B. N. Cabinet des Estampes*)

III

PAULIN TALABOT

Paulin Talabot naquit à Limoges en 1799. Sorti de l'École Polytechnique dans le corps des Ponts et Chaussées, il est d'abord affecté comme Ingénieur à l'arrondissement de Brest, puis occupé à Decize à la construction du canal latéral à la Loire.

En 1829, le maréchal Soult l'appelle à la direction des travaux du canal de Beaucaire. De Nîmes, où il réside, Talabot va explorer les mines de la Grand'Combe. A voir leur exploitation paralysée faute de moyens de transport, l'idée lui vient d'appliquer au développement de l'extraction, les méthodes que l'ingénieur Beaunier et les frères Seguin inauguraient alors avec tant de succès dans la région de Saint-Etienne. Il part aussitôt, visite l'Angleterre avec son ami George Stephenson (1) et, dès son retour, en 1830, forme une société d'études.

(1) « Dites-moi, Talabot, lui dit un jour Stephenson, où avez-vous appris l'anglais ? — Je l'ai appris tout seul, en lisant Shakespeare. — Ah ! C'est donc pour cela que vous parlez l'anglais de la reine Elisabeth ! »

Odilon Barrot (*B. N. Cabinet des Estampes*)

L'opération telle qu'il la conçoit comprend deux parties solidaires : l'acquisition des mines et la construction d'un chemin de fer qui transportera jusqu'à Beaucaire, d'où le Rhône les descendra à Marseille, les houilles du bassin d'Alais.

L'année suivante, Talabot est en mesure de remettre l'avant-projet au Conseil général des Ponts et Chaussées.

Sans attendre les conclusions de cette assemblée, il cherche et sait trouver des collaborateurs : à Marseille, deux des notabilités du commerce de cette ville, MM. Veaute et Abric ; à Nîmes, un vétéran des grandes guerres, nommé Mourier, qui, depuis la chute de l'Empire, avait réalisé une fortune dans les entreprises de travaux publics. Pour la conduite des travaux, il fait appel à un camarade d'école, Didion, comme lui adepte fervent du saint-simonisme, ami d'Enfantin, de Péreire et de Michel Chevalier.

L'enquête officielle dure deux ans.

Enfin, le 29 juin 1833, la tenacité d'Odilon Barrot a raison de la résistance de Thiers (1), et une loi approuve l'adjudication prononcée au

(1) Thiers déclarait publiquement que les chemins de fer, bons tout au plus à « remplacer les coucous dans la banlieue », n'auraient jamais d'application pratique ; que leur construction était plutôt une question d'amusement scientifique que d'utilité réelle ; qu'à peine pourrait-on établir chaque année 40 kilomètres de voie ferrée.

Voiture à vapeur, 1836 (d'après Bénard)
(*B. N. Cabinet des Estampes*)

profit de Talabot, Veaute Abric et Mourier.

Bien que patiemment et soigneusement étudiée, l'entreprise eut des débuts difficiles. Les concessionnaires, après trois années d'efforts et malgré le concours du baron James de Rothschild, n'avaient réuni que le tiers du capital nécessaire à la construction de la ligne. Talabot dut solliciter l'aide pécuniaire du Gouvernement. Un projet de loi présenté à la Chambre et défendu par Berryer ne passa, le 26 juin 1837, qu'à trois voix de majorité : l'Etat prêtait, à 4 o/o, 6 millions remboursables en douze annuités ; de leur côté, les concessionnaires s'engageaient à fournir pendant quatorze ans, pour les services de l'État dans la Méditerranée, de la houille à 20 o/o au-dessous des prix appliqués au service des bâtiments à vapeur du port de Toulon.

Le 27 juillet suivant, MM. Jules, Léon et Paulin Talabot Veaute, Abric, Mourier, Fraissinet et Roux, Jean Luce, J. Ricard, Therond, Delort et Fournier frères signaient les statuts de la Société constituée pour l'exploitation des mines de la Grand'Combe et l'exécution des chemins de fer du Gard, au capital de 16 millions, dont 6 millions souscrits par la maison Rothschild.

Didion poussa si activement les travaux que la première section — Nîmes à Beaucaire — put être ouverte le 15 juillet 1839, jour de l'ouverture de la foire de Beaucaire. L'inauguration officielle eut lieu le 25, « aux applaudissements d'une population innombrable et sans que le moindre accident ait troublé cette fête. Toutes les principales autorités du département et les habitants notables du pays y avaient été convoqués et y assistaient. Un convoi de dix-huit voitures, où étaient commodément placées cinq cents personnes des deux sexes, suivi de la musique

Thiers (*B. N. Cabinet des Estampes*)

Pont de Tarascon (d'après Laurens, 1855). (*Collection du P.-L.-M.*)

du 49ᵉ de ligne et dirigé par les ingénieurs Talabot et Didion, fit le trajet de Nîmes à Beaucaire, qui a 24.400 mètres, en trente-six minutes, et en quarante minutes au retour. Voyageurs et spectateurs, tous ont été dans l'admiration d'un aussi puissant et aussi merveilleux moyen de transport pour la prospérité et la satisfaction des besoins du pays (1) ». Un poète chanta :

> C'est la locomotive haletante et coquette !
> Un doux parfum se mêle à ses blanches vapeurs...
>   Laboure, ô char de l'abondance,
>   Et nos plaines et nos vallons.
>   Ta fumée est une semence
>   Qui fertilisera nos sillons !...

Vapeur odorante, fumée fertilisante... poète et charbon étaient du Midi.

L'ouverture de la seconde partie du tracé, retardée par dix-huit crues successives du Gardon qui gênèrent l'achèvement du pont de Ners, le principal ouvrage de cette section, et faillirent même l'emporter dans l'hiver de 1839, n'eut lieu que le 1ᵉʳ août 1840. Le dernier tronçon, Alais à la Grand'Combe, fut livré à la circulation en 1841.

(1) *Moniteur Universel* du 22 juillet 1839.

La ligne d'Alais à Beaucaire est « le premier exemple d'un chemin de fer établi sur un type qui depuis n'a plus varié (1) ».

* * *

Viaduc sur la Durance

A la fin de 1841, la France possédait seulement 566 kilomètres de chemins de fer en exploitation sur 4.912 qui existaient en Europe. Les longues discussions auxquelles le Parlement s'était livré au cours des années 1837 et 1838 n'avaient réussi qu'à montrer l'impuissance des pouvoirs publics à déterminer le rôle que l'État et l'industrie privée devaient jouer respectivement dans l'exécution des nouvelles voies.

Sous la pression de l'opinion, M. Teste, ministre des travaux publics du cabinet Guizot, se décida, le 7 février 1842, à présenter à la Chambre un projet de loi dont le sens et la contexture étaient assez élastiques pour que les députés d'opinions les plus diverses pussent le voter et l'interpréter, chacun dans le sens du tracé qui l'intéressait et du mode d'exécution qu'il préférait. La *Gazette de France* disait à ce propos : « Il y a dix-huit articles à la loi des chemins de fer. Nous proposons de les remplacer par une petite loi ainsi

Souterrain de la Nerthe

(1) Discours prononcé par M. G. Noblemaire aux obsèques de Paulin Talabot.

conçue : «Article premier : Il « y aura des chemins de fer « dans tous les villages de « France. — Art. 2 : On com-« mencera une seule ligne, « qui s'achèvera quand on « pourra (1) ».

Le Gouvernement pré-voyait l'association de l'État, des localités intéressées et de l'industrie privée pour l'établissement d'un réseau rayonnant de Paris vers les frontières belge, allemande et espagnole, vers la Manche, l'Océan et la Méditerranée.

Desplaces

La Commission, dont M. Dufaure fut le rapporteur, ajouta quelques lignes transversales. M. Duvergier de Hauranne eut l'heureuse inspiration de rédiger un paragraphe addition-

Avignon, (d'après Champin) (*B. N. Cabinet des Estampes*)

(1) Numéro du 7 mai 1842

nel, portant que les lignes classées pourraient être concédées en totalité ou en partie à l'industrie privée, en vertu de lois spéciales et aux conditions qui seraient alors déterminées.

La discussion s'ouvrit au milieu de l'indifférence générale, ce qui fit dire à un orateur, le colonel Paixhans, réduit à parler devant des banquettes vides : « Je suis aux ordres de la Chambre, mais je voudrais bien que la Chambre y fût pour me donner des ordres. » M. de Lamartine, documenté sans doute par Paulin Talabot, prononça, sur une question d'espèce, le tracé de Lyon à Marseille, un remarquable discours, dans lequel il préconisait le passage par Arles, « où se rencontrent

Audibert

Vue générale du Port de Marseille prise des hauteurs de la Réserve (d'apres Cicéri)
(*B. N. Cabinet des Estampes*)

les tartanes de l'Espagne et du Languedoc », et invoquait en
faveur de Marseille « les immenses avantages qu'assurent à

Viaduc de Saint-Chamas

cette ville les intérêts européens, les destinées politiques de ce
temps qui tournent, pour ainsi dire, forcément la France vers
la Méditerranée, vers l'Afrique, vers l'Orient ébranlé et vide. »

La loi fut votée le 13 mai par 255 voix contre 83, adoptée
sans grands débats par la Chambre des Pairs et rendue exécu-
toire le 30 juin 1842.

En commémoration, le Gouvernement fit frapper une
médaille gravée par A. Bary : la France est assise entre Mercure et Mars ; au fond, quatre trains se croisent dans un
paysage aride ; légende : *Dant ignotas Marti novasque Mercurio
alas.*

L'impulsion était donnée ; on se mit à l'œuvre (1).

(1) Une invention nouvelle, que préconisaient d'excellents esprits, faillit tout compromettre : la substitution aux chemins de fer sur rails, de voitures à vapeur circulant librement sur des routes bétonnées : « Un jour, nous nous trouvions avec Marc Seguin à la
Mulatière, lorsqu'on vint nous dire qu'un individu avait quelque chose à nous montrer.
C'était un inventeur qui avait imaginé une voiture qui marchait sans chevaux. Nous
consentimes à le recevoir. Il monta sur son véhicule et se mit à le faire évoluer à
plusieurs reprises devant nous avec une étonnante docilité. Cette expérience nous laissa
Seguin et moi, fort troublés. « Est-ce bien la peine, nous demandions-nous, pendant toute
la soirée, de vouloir couvrir comme nous le faisons à cette heure tout le pays d'un réseau
de voies ferrées ? N'y a-t-il pas là une condamnation de nos efforts et ne faisons-nous pas
fausse route en actionnant la locomotive sur rails ? » Nous nous demandions cela, mais
nous tombâmes d'accord qu'il y a une chose encore plus importante que la vitesse, c'est la
sécurité humaine, qu'à un mode de circulation nouveau, il faut des voies nouvelles et qu'on

Dès la loi promulguée, Paulin Talabot présenta un projet de ligne d'*Avignon à Marseille* par la vallée du Rhône. Cette voie, dont il avait préparé les études avec Didion et qui était, dans sa pensée, l'amorce de la grande artère Marseille-Lyon-Paris, devait se souder aux chemins du Gard après la traversée du Rhône à Tarascon. La demande fut prise en considération et, presque aussitôt, — 24 juillet 1843, — le Parlement accordait une subvention de trente - deux millions et une concession de trente-trois ans à la Société que Talabot avait créée, pour l'exécution des travaux, avec le concours du baron Nathaniel de Rothschild, de MM. Roux et Fraissinet de Marseille, Abric, etc...

Duvergier de Hauranne (d'après Daumier)
(*Musée Carnavalet*)

La ligne à exécuter « avait le triste privilège de présenter, sur un faible parcours de 122 kilomètres, plus de difficultés accumulées qu'on n'en rencontre d'ordinaire dans un trajet dix fois plus long. Il s'agissait de pénétrer dans Avignon, de traverser Beaucaire, Tarascon, Arles et d'entrer dans Marseille. Il fallait franchir la Durance tout près de son confluent avec le Rhône, le Rhône au point maximum de sa largeur et de sa rapidité, l'Arc près de son embouchure dans la petite mer de Berre. » (1)

Talabot se rendait bien compte des dépenses considérables qu'entraînait un pareil tracé mais, plein de confiance dans l'avenir des voies ferrées dont il avait la charge, il lui

ne saurait, sans de grands dangers tant pour les populations que pour les voyageurs, lancer des monstres animés d'une pareille rapidité, sur nos vieilles routes françaises ».
(Mémoires inédits de Gustave Desplaces).

(1) Baron Ernouf : *Paulin Talabot, sa vie et son œuvre.*

parut que rien ne devait être négligé pour assurer la continuité et la sécurité de leur service. « Bourreau d'argent ! », disaient de lui les Seguin. Talabot répondait : « Le Chemin de Saint-Etienne à Lyon est excellent à condition qu'on le refasse en entier ; j'entends, quant à moi, établir la voie d'Avignon-Marseille sur des bases définitives. »

C'est à ce résultat que tendirent tous ses efforts.

A son labeur il associa deux hommes éminents : Gustave Desplaces et Edmond Audibert, collaborateurs dévoués qui devinrent ses amis les plus chers.

Desplaces, neveu de Marc Seguin et des Montgolfier, avait été, en sa qualité de premier de son année à l'Ecole des Ponts et Chaussées, le président de la délégation technique instituée en 1842 près la Chambre des Pairs pour l'examen de la « grande charte des chemins de fer ». La droiture de son caractère, l'étendue de ses connaissances avaient séduit Talabot. Leur collaboration fut de tous les instants. Pendant que l'un faisait l'effort considérable de retourner l'opinion publique et d'amener à l'œuvre nouvelle les concours financiers dont elle avait besoin, l'autre, véritable inventeur, élaborait cette œuvre et en assurait la réalisation pratique. Ce fut Desplaces qui dressa les plans et dirigea les travaux du viaduc de Tarascon, pont gigantesque de 591 mètres, composé de deux culées et de six piles colossales en rivière supportant sept arches en fonte de forme circulaire et de 62 mètres d'ouverture, dont la construction dura cinq ans, revint à près de six millions et demi et sur lequel, lors des épreuves, douze locomotives lancées à toute vitesse sur deux de front ne déterminèrent que des vibrations insensibles (1). Entre temps, il surveillait l'exécution du souterrain de la Nerthe long de 4.638 mètres, qui coûta plus de dix millions à établir, et dont l'ingénieur Gaduel dirigeait les travaux.

Très populaire parmi les ouvriers dont il avait le souci d'assurer le bien être moral et matériel, Desplaces eut, pour réaliser cette partie sociale de sa tâche, une auxiliaire précieuse et dévouée, sa jeune femme, dont la bonté souriante

---

1) Le viaduc de Tarascon est le premier construit à culées et piles en pierre avec ablier de fonte.

Conducteur, conducteur, j'avais pris vos messageries parce que j'ai en horreur
les chemins de fer... vous avez abusé de ma confiance... faites arrêter, je vais descendre

L'ENTRÉE DU GRAND TUNNEL D'UN CHEMIN DE FER

— Messieurs, nous allons entrer sous le grand tunnel qui est fort étroit... je vous en
supplie, ne bougez pas pendant tout le trajet... il n'y a pas de voyage qu'il ne se perde ici,
un bras, une jambe ou un nez... et vous comprenez qu'il est impossible à l'administration de
les retrouver dans un souterrain tout noir, qui a deux lieues de long !

(d'après DAUMIER).   (B. N. Cabinet des Estampes)

et l'inépuisable dévouement se prodiguaient sur les chantiers en faveur des malades et des déshérités de la vie (1).

Audibert était sorti de l'Ecole Polytechnique dans le corps des Mines. Ses aptitudes fixèrent l'attention de Talabot qui le chargea d'organiser le service de l'exploitation. Pour son début, il se trouvait aux prises avec les difficultés d'une création de toutes pièces. Il fallait une volonté et une énergie peu communes pour lutter contre l'opposition, contre les résistances sourdes ou déclarées qui surgissaient

Blount

de toutes parts sous l'empire d'intérêts froissés ou effrayés qui n'avaient pas encore eu le temps de calculer la portée d'un changement si profond dans les relations commerciales, et de se plier à ses exigences. En même temps que l'éducation du public, il fallait faire celle du personnel exploitant. Dans cette tâche, si lourde et si délicate, Audibert déploya tout ensemble une audace et une patience qui ne se rebutaient d'aucune peine, d'aucun détail, si infime qu'il fût. Caissier, comptable, contrôleur, graisseur, distributeur de billets, conducteur de train, Audibert fut tout sans cesser d'être ingénieur et directeur (2). C'est qu'il sentait la nécessité absolue de substituer chez ses agents, au laisser-aller et à la fantaisie locale, la régularité et la précision qui, nécessaires à la conduite de toute grande entreprise, sont la condition

(1) Le 22 mai 1869, apres une vie toute de travail et de desintéressement, Desplaces mourut en pleine force physique, en pleine vigueur intellectuelle, des suites d'un refroidissement contracté sur les chantiers de la ligne des Alpes dont il dirigeait la construction. C'est pour l'établissement de cette voie que Desplaces imagina de creuser des tunnels en hélice, imités depuis au Saint-Gothard.

La ville de Marseille a donné son nom au boulevard de la Nouvelle Faculté des Sciences.

(2) D'un homme d'équipe de Tarascon qui bredouillait l'avis du changement de train pour Nimes et auquel il demandait de parler plus nettement, il s'attirait, et en riait, cette réponse soulignée par l'accent provençal : « Hé bé, on vous en.... donnera des ténors à cent francs par mois ! »

indispensable de la sécurité d'un service de chemin de fer Il savait aussi quel empire acquiert, sur ses subordonnés de tout rang, un chef qui n'ignore aucun détail de la tâche confiée à chacun d'eux (1).

Le 18 octobre 1847 Audibert livra à la circulation la section de Saint-Chamas à Rognac ; le 1er novembre suivant, celle de Rognac au Pas des Lanciers ; enfin le 15 janvier 1848 celle du Pas des Lanciers à Marseille.

Largement soutenu, dans une crise de découragement que connaissent les plus forts, par le puissant appui de son fidèle ami M. Blount (2), Talabot avait pu, jusque là, résister victorieusement à la tourmente politique et financière de 1845 à 1848. Mais à ce moment, après quatre-vingts millions dépensés, la Compagnie d'Avignon à Marseille se trouva tout à coup à bout de ressources, sans argent, sans crédit, dans l'obligation de suspendre les travaux. Elle fut, avec d'autres, victimes comme elle de la crise de 1848, mise sous séquestre.

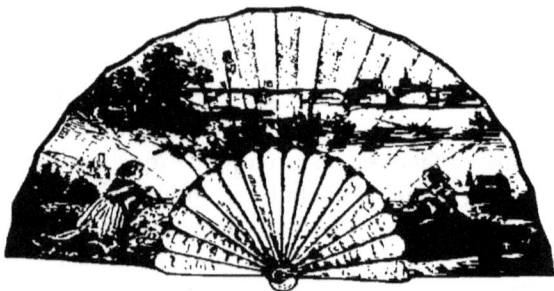

Eventail offert à la comtesse Desplaces à l'occasion de l'inauguration du viaduc du Rhône, par S. M. Napoléon III, empereur des Français. 1855
(*Appartient à M. le Comte Desplaces*)

(1) Baron Ernouf ; *loc. cit.*

(2) « En 1831 Edward Blount venait fonder à Paris, sous son nom, la maison de banque qui fusionna, 40 ans plus tard, avec la Société Générale. On était alors, en France, dans la période d'hésitation qui retardait les débuts des chemins de fer. Edward Blount vit clairement quel parti pouvait être tiré, chez nous, du nouveau régime de transports et il s'en fit l'un des plus énergiques et des plus confiants artisans. Soutenu par les conseils de M. Dufaure il réunit, en 1840, les premiers capitaux de la Société de « Paris à la Mer » qui devint cette Compagnie de l'Ouest dont il resta durant un quart de siècle le Président et l'âme. Parmi les entreprises qui surgirent ensuite de son action bienfaisante, on le retrouve à la fondation de la Compagnie de Lyon à Genève et, auprès de Paulin Talabot, à l'origine des Compagnies de Lyon à Avignon, de Lyon-Méditerranée et enfin de P.-L.-M. dont il devint le vice-président. Il mourut en 1905, à 96 ans, dans sa terre d'Imberhorne-en-Sussex. »
(Procès-verbal du Conseil d'Administration de la Compagnie P.-L.-M. du 17 mars 1905.)

Le gouvernement provisoire de 1848 (*B. N. Cabinet des Estampes*)

Garnier-Pagès — Flocon — A. Marrast — Crémieux — Albert — Louis Blanc.
Lamartine — Marie — Dupont de l'Eure — Ledru-Rollin — Arago

Intérieur du Carrosse de la Reine — (D'après Ed. Pingret). *(Coll. du P.-L.-M.)*
Le roi Louis-Philippe   La reine Victoria d'Angleterre Le prince Albert

IV

LA CRISE DE 1845
ET LA RÉVOLUTION DE 1848

La loi de 1842 en donnant à Mercure « des ailes nouvelles » avait, du même coup, favorisé l'éclosion d'une foule de sociétés moins soucieuses de construire des chemins de fer que d'émettre des actions. L'aristocratie, la bourgeoisie et le peuple, stimulés par le mouvement artificiel de titres jetés à profusion sur le marché, s'étaient lancés à l'envi dans les aventures financières les plus folles. L'année 1845 marque l'apogée de cette fièvre du jeu. Les journaux de l'époque sont pleins de déclamations violentes contre les scandales de la Bourse et, dans les feuilles de chantage qui

Mlle Scriwaneck
(B. N. Cabinet des Estampes)

jettent chaque jour un discrédit moral sur les hommes et sur les entreprises de chemins de fer, « l'invite » ne se dissimule même pas :

> . . . D'un pouvoir tu te sens
> [tributaire,
> Tu crains la Presse... allons,
> [pourquoi trembler ?
> Ne sais-tu pas comment on la
> [fait taire (1) ?

Un pamphlet qui porte la signature d'Adrien Chenot « ancien élève de l'École Royale des Mines », débute ainsi : « Compagnie anonyme l'Entente Cordiale et Compagnie.

Capital social : la France, divisée en cinq millions d'actions d'industrie gratuites à intérêt assuré, et de vingt-huit millions d'actions payantes et portant titre de bon citoyen jusqu'à la fin du dernier versement, passé lequel délai elles reviendront aux premiers fondateurs industriels pour améliorer le citoyen par un nouvel appel. »

Les réunions d'actionnaires sont houleuses. Dans *le Lansquenet et les Chemins de fer*, comédie-vaudeville représentée au théâtre du Gymnase Dramatique le 18 mai 1845, on entend « M. de Quincampois, propriétaire », chanter, au retour d'une assemblée, sur l'air de « Restez toujours jolie » :

> C'était une bataille, un siège
> Quel élan, quel feu, quelle ardeur !
> C'était enfin. . . que vous dirai-je ?
> Du salpêtre, de la vapeur !
> Oui, des machines à vapeur !
> Ils devraient bien, dans leurs affaires,
> Epargnant les frais de charbon,
> Atteler leurs actionnaires
> Pour faire traîner leurs wagons !

(1) *Les Mystères de la Bourse*, journal décadaire, 1845.

M. de Lamartine haranguant le peuple à l'Hôtel de Ville,
26 février 1848   (*Collection de l'Illustration*)

Les revues de fin d'année s'en mêlent à leur tour.

Au Palais-Royal, Mlle Scriwaneck, la toute jeune rivale de Déjazet, personnifiant le Soleil dans *les Pommes de terre malades,* revue de l'année 1845, détaille ce couplet :

Bien à tort tu te préoccupes
D'un chemin qui mène au désert :
C'est pour les fripons et les dupes
Qu'il faudrait des chemins de fer.
Moi, j'en sais deux qu'il faut qu'on établisse :
Car ils doivent mener dit-on,
L'un de la Bourse au Palais de Justice,
L'autre d'la Bourse à Charenton
. . . .
Comme les vieux assignats
Qu'on a vu tomber si bas,
Nous vendons un tas d'actions
Représentant des millions
Trois sous l'tas
Quelquefois même on n'en vend pas (1)!

C'est pendant cette période d'ébullition et d'agiotage que furent adjugées les concessions de Paris à Lyon et de Lyon à Avignon, la première pour 41 ans le 21 décembre 1845,

(1) *Les Pommes de terre malades,* revue de l'année 1845 par MM. Dumanoir et Clairville, représentée pour la première fois le 20 décembre 1845 au Théâtre du Palais-Royal.

CAROSSE DE BESANÇON,

Mêmes Bureau & Directeur que pour Dijon.

Destinations & places.		Port des Hardes
Dijon	30 l.	3 f.
Besançon	42 l.	4 f.

Ce Carosse fait route par la *Bourgogne.*

Départ de { *Paris.* Le Vendredi en *Eté.* Le Jeudi en *Hiver.*
{ *Besançon.* Le Lundi en *Hiver.* Le Mardi en *Eté.*

DILIGENCE DE LYON, *Port Saint Paul.*

MM. CARPENTIER, Directeur. DRUGEON. Receveur

Destinations & places.	Port des Hardes.	Destinations & places.	lir. fols.	Port des Hardes. fols. den.
Fontainebleau 14 l.	9 d.	La Roche-en-Berry. } 53		3 6
Moret...... 16 l.	1 f.	Saulieu.... 57		3 9
Villeneuve-la-Guyard. } 20 l.	1 f. 3 d.	Maupas.... 60		4
Pont-sur-Yonne, } 21 l.	1 f. 6 d.	Arnay-le-Duc. } 63		4 3
Sens........ 25 l.	1 f. 6 d.	Yvry...... 67		4 6
Villeneuve-le-Roi. } 28 l.	1 f. 9 d.	La Roche-Pot. } 68	10	4 6
Joigny...... 32 l.	2 f.	Chagny.... 70		4 9
Baffoux..... 35 l.	2 f. 3 d.	Châlons-sur-Saône. } 90		5
Auxerre..... 38 l.	2 f. 6 d.			
Brice....... 40 l.	2 f. 6 d.	Tournus... 92	10	5 6
Vermanton.. 43 l.	2 f. 9 d.	Mâcon... 95	10	5 6
Lucy-le-Bois. 47 l.	3 f.	Villefranche 97	10	5 9
Cuffy-les-Forges. } 50 l.	3 f. 3 d.	Lyon......100		6

Départ de { *Paris.* De deux jours l'un, à quatre heures du matin.
{ *Lyon.* Les jours alternatifs qu'elle ne part pas de Paris.

N°. Cette Voiture passe pour la plus utile & la plus commode du Royaume ; elle fait vingt lieues par jour. Les Voyageurs sont rendus à Lyon en cinq jours en *Eté,* en six en *Hiver.* La Diligence par terre ne fait route que jusqu'à Châlons. On prend en cette Ville la Diligence par eau, qui conduit à Lyon.

Il y a une Chapelle dans l'Hôtel des Diligences où l'on dit la Messe pour les Voyageurs à trois heures & demie du matin, les jours de Dimanches & Fêtes.

Z iiij

MESSAGERIES GENERALES

GAILLARD ET C⁰·

Rue St-Honoré, N° 130, et rue de Grenelle-St-Honoré, N⁰ˢ 18 et 20.

DÉPART du *16 mars 1845* à *6 heures*

du *matin*

de *Caen* pour *Paris* par

M. *en route d'Orléans* a payé la somme

de *Charles Antoine* pour arrhes de *la place*

N° *quatre* qu'il a retenue dans *la voiture*

Faute de se trouver à ladite heure, les arrhes seront perdues.

à . , le . 184 .

Il est expressément défendu de fumer dans les voitures

AVIS.

MM. les Voyageurs doivent se rendre au bureau une demi-heure avant le départ; il est accordé, à chaque Voyageur le port gratis de 15 kilo. sur les bagages.

Pour faciliter le chargement des voitures, les Paquets, Marchandises et Finances doivent être apportés 2 heures avant le départ, sans quoi ils seront remis au départ suivant.

On ne répond point des événemens de force majeure ni des vols faits à main armée.

Tous les objets déclarés valeur doivent être ficelés et cachetés pour la sûreté des déclarations. Le prix en est perçu au prix fixé par les tarifs.

L'Administration n'est responsable que des objets enregistrés à l'embourse, en cas de perte des objets, la valeur qui aura été déclarée lors de l'enregistrement; faute de déclaration de valeur, elle tiendra compte de 30 francs pour un Sac de nuit, Porte-Manteau ou autres objets d'un poids de 30 kilo. et au dessous, et de 50 francs pour Malle, Vache et autres objets d'un poids au dessus de 50 kilo.

MM. les Voyageurs sont instamment priés de signaler à l'Administration tout acte d'impolitesse de la part de ses agens, et notamment de ses conducteurs.

Paul Dupont.

(B. N. Cabinet des Estampes)

— 55 —

Occupation militaire des chemins de fer, juin 1848.
Collection de l'Illustration

la seconde pour 47 ans, le 11 juin 1846, toutes deux dans des conditions de durée et d'exécution ruineuses qui devaient en rendre le succès impossible.

La Compagnie soumissionnaire du Paris à Lyon constituée au capital de 200 millions comptait au nombre de ses administrateurs : MM. Gouin, membre de la Chambre des députés, Hottinguer, banquier ; Charles Seguin, Isaac Péreire, sous-directeur du chemin de fer de Saint-Germain à Versailles ; Charles Laffitte, banquier ; Enfantin ; le duc de Galliera ; le baron J. de Rothschild.

Tout de suite surgirent des difficultés considérables. Le Ministère des Travaux Publics avait estimé les dépenses à cent quatre-vingts millions; le devis dressé par M. Jullien, ingénieur en chef de la Compagnie, atteignit trois cents millions. Entreprendre les travaux dans ces conditions, c'était provoquer la ruine des actionnaires qui avaient pu croire légitimement «sur la foi des encouragements de la tribune, que les entreprises de chemins de fer étaient, pour les épargnes du père de famille, un nouveau mode de placement plein de sécurité, en même temps que pour le pays tout entier une source féconde de richesses (1) ». Le Conseil avait pensé tout d'abord à réclamer la résiliation du contrat; il accepta, faute de mieux, une prolongation de la concession. Ce moyen terme ne résolvait pas la question financière. Il fallait de l'argent et on était en pleine crise commerciale. La commotion de 1848 vint couper tout crédit. Les actions n'étaient, il est vrai, libérées que de moitié, mais on ne pouvait songer à encaisser le surplus. La Compagnie arrêta les travaux.

(1) Rapport à l'Assemblée Générale des actionnaires du chemin de fer de Paris à Lyon (19 avril 1847).

La ligne de Lyon à Avignon, concédée à Paulin Talabot pour le compte d'une Société anonyme au capital de 150 millions dont il était le directeur statutaire, mourut en naissant. Elle ne fut même pas commencée : le 11 octobre 1847 les actionnaires réunis en assemblée générale extraordinaire prononcèrent, sur le rapport du Conseil d'Administration, la dissolution de la Société : « L'insuffisance des récoltes, les inquiétudes qu'elle entraîna, la rareté des capitaux, l'excès des travaux publics, les abus de la spéculation, toutes ces causes s'étaient réunies pour amener le découragement des capitalistes et, par suite, une baisse rapide sur les rentes et sur les actions des chemins de fer. La confiance disparaissait davantage chaque jour, l'avenir devenait de plus en plus sombre. Dans cet état de choses, le Conseil aurait manqué à sa mission s'il avait attaqué les travaux d'une entreprise aussi considérable (1) ».

Quatre mois plus tard la révolution de février portait au pouvoir les hommes qui avaient attaqué les concessions avec le plus de persistance, et qui rêvaient pour l'Etat le rôle de producteur et de pourvoyeur universel : « Nous ne cherchons pas à tourner la difficulté, on ne gagne rien à ruser avec les gens d'affaires... Il s'agit de substituer la propriété légitime à la propriété usurpée, la société entre tous les membres de la famille humaine et de la cité politique à la société des loups contre les loups... La remise du domaine public de la circulation à l'Etat que vous avez exploité et dépossédé, est le premier anneau de la chaîne des questions sociales que la révolution de 1848 retient dans les plis de sa robe virile. C'est le véritable point de partage entre l'ordre républicain, l'ordre selon la fraternité et le désordre barbare que vous appelez société. C'est la seule question mûre et forte sur laquelle la République se soit trouvée prête et qu'elle ait pu engager sérieusement ; sous peine de déchéance radicale, il faut qu'elle en vienne à bout et sur ce point, toute dissidence écartée, nous, les républicains du fond et du tréfond, nous lui devons, nous lui donnons notre concours (2). »

(1) Rapport du Conseil d'Administration. (Assemblée générale extraordinaire du 11 octobre 1847).

(2) *La République*, « journal inspiré par les plus saines idées socialistes ». Article cité par le *Représentant du Peuple* dans son numéro du 17 juin 1848.

L'agitation gagnait la province. La sous-préfecture d'Arles invitait Desplaces à transformer les chantiers du Chemin de fer en ateliers nationaux :

« Sous-Préfecture d'Arles, 14 mars 1848.

«Au citoyen Desplaces, ingénieur, auteur du chemin de fer.

« Citoyen,

« Des ouvriers nombreux sont venus à la Sous-Préfecture pour me réclamer du travail et du pain. Cette demande faite d'une manière pacifique mérite d'être prise en prompte et sérieuse considération pour que le désespoir de la faim ne la fasse pas dégénérer en manifestations hostiles à la Société. Je viens donc de la manière la plus pressante vous prier d'ouvrir sans retard des ateliers de travail. Si dès aujourd'hui vous ne pouvez les tous employer, admettez-les successivement par fraction de quarante ou de cinquante jusqu'à ce que, dans un temps très prochain, vous puissiez, vu l'urgence des circonstances, les admettre tous sur les chantiers. Vous êtes assez bon citoyen pour que je puisse faire appel à votre patriotisme et à votre humanité, et j'ose croire que vous déférerez à ma juste demande en ouvrant immédiatement un refuge au travail bien intentionné et à la faim menaçante.

«Salut et fraternité.

«GLEYSE CRIVELLI. »

P.-S. J'attends votre réponse avec impatience (1). »

Cette mise en demeure resta sans effet, Desplaces résista et son attitude énergique empêcha la désorganisation et le pillage.

(1) Archives de M. le Comte Desplaces.

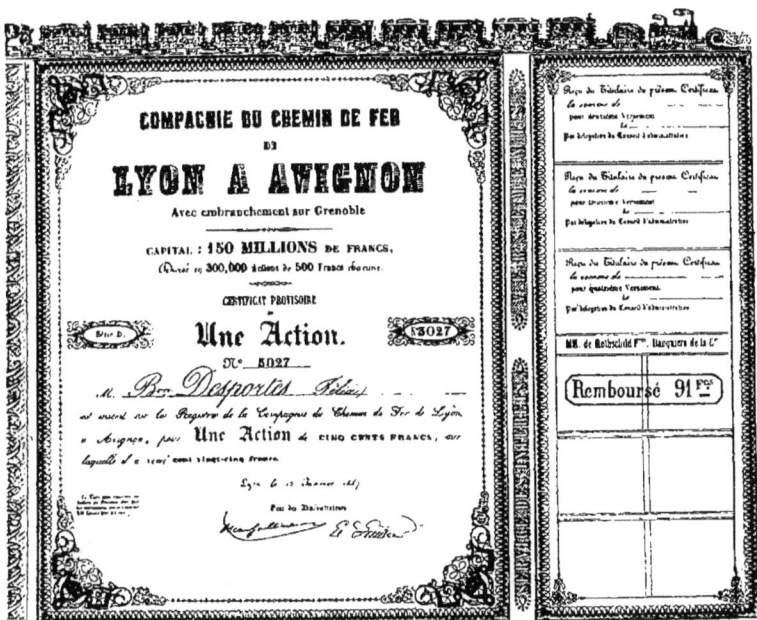

COMPAGNIE DU CHEMIN DE FER
DE
LYON A AVIGNON
Avec embranchement sur Grenoble

CAPITAL : 150 MILLIONS DE FRANCS,
(Divisé en 300,000 actions de 500 Francs chacune.

CERTIFICAT PROVISOIRE

Une Action.
N° 5027

M. Bon Desportes Frères

est inscrit sur les Registres de la Compagnie du Chemin de Fer de Lyon
à Avignon, pour Une Action de CINQ CENTS FRANCS, sur
laquelle il a versé cent vingt-cinq francs.

Lyon, le 15 janvier 1847

Par la Direction,

Remboursé 91 Frs

Collection du P.-L.-M.

A Paris, le général Cavaignac interdisait aux agents des chemins de fer le port du « sabre » que leur avait octroyé Louis-Philippe. De son côté la Commission Exécutive nommée par l'Assemblée Nationale préparait « l'ordre selon la fraternité ». Dès le 17 mai, MM. Arago, Garnier-Pagès, de Lamartine, Ledru-Rollin, Marie, réclamaient le rachat des chemins de fer, l'existence de Compagnies privilégiées étant « radicalement incompatible avec le principe d'un gouvernement républicain, démocratique et unitaire ». Leur projet rencontra au sein de l'Assemblée la plus vive opposition. La discussion commença néanmoins. Interrompue par les journées de juin, elle ne fut jamais reprise.

Mais trois concessions restaient en souffrance. Des mesures conservatoires s'imposaient. Le cautionnement du Lyon-Avignon — dix millions — avait été confisqué ; Avignon-Marseille était sous séquestre ; un décret du 17 août 1848 fit « rentrer dans la possession de l'État » le chemin de fer de

Paris à Lyon. Les actionnaires de cette dernière Société ne furent pas d'ailleurs complètement dépouillés : chacun d'eux reçut, en échange de son titre libéré de 250 francs, un coupon de rente de 5 o/o de 7 fr. 60, soit 109 francs environ au cours du jour.

Les évènements qui se préparaient alors, les déclarations faites par Louis Napoléon avant le 10 décembre, permettaient d'espérer une régénération économique : « Rétablir l'ordre, c'est ramener la confiance. Protéger la propriété, c'est maintenir l'inviolabilité des produits de tous les travaux ; c'est garantir l'indépendance et la sécurité de la possession, fondements indispensables de la liberté civile ; c'est éviter cette tendance funeste qui entraîne l'Etat à exécuter ce que les particuliers peuvent faire aussi bien et mieux que lui ».

Après l'élection, Odilon Barrot, le chef du nouveau cabinet, vint fortifier cet espoir : « Nous appelons à notre aide — dit-il — l'esprit d'association et les forces individuelles. Nous pensons que l'impulsion de l'Etat doit, partout où cela est possible, se substituer à l'exécution directe de l'Etat. Notre société a contracté la déplorable habitude de se reposer sur le Gouvernement des soins auxquels pourvoit, parmi les autres nations, l'activité individuelle (1)... »

La désillusion fut complète lorsqu'on vit le message du Prince Président à la nouvelle Assemblée issue des élections générales du 13 mai 1849, loin de donner satisfaction aux vœux et aux nécessités de l'industrie, ne contenir qu'une brève nomenclature des travaux à engager.

La *Revue des Deux Mondes* (2), dans un article auquel Talabot collabora sans doute, se fit l'écho du désappointement général : « Pendant qu'on réfléchit, et qu'on n'est pas encore à délibérer, le temps se passe, un temps bien rude aux intérêts engagés. Des grandes ruines se consomment, d'autres se préparent. Si l'on veut trouver le milliard nécessaire à l'achèvement des lignes en construction ou concédées, il importe de rassurer le capital et de garantir la propriété. On pourrait prendre pour base : 1" le maintien de l'intégralité des engagements ; 2° la diminution de la quotité

(1) *Moniteur* du 26 décembre 1848.
(2) Numéro du 1er août 1849.

des remboursements annuels venus à échéance, de manière à reporter l'acquittement final à une époque plus éloignée, dans la limite de la durée des concessions... et, s'il était reconnu que des lignes importantes ne pussent, en raison de la longueur de leur parcours ou des chances de leur trafic, obtenir, pour le capital employé à leur construction, un intérêt convenable... on appliquerait soit aux lignes non commencées encore, soit aux lignes en partie construites, soit même à certaines lignes aujourd'hui en exploitation, la garantie d'intérêt dans une mesure et avec des conditions d'examen ou de révision rassurantes à la fois pour les capitaux engagés et pour l'Etat... »

Ce programme, dont l'avenir devait démontrer toute la valeur, ne fut pas compris. Le Gouvernement ne tenta rien pour solutionner la question des Chemins de fer.

La période de 1848 à 1851 n'apporta donc aucun changement. On essaya, il est vrai, de fusionner la concession des lignes de Paris à Lyon et de Lyon à Avignon, mais le projet ministériel n'aboutit pas.

La jonction des deux lignes heurtait d'ailleurs les intérêts des voituriers et des hôteliers lyonnais. A les en croire la soudure des chemins de fer de Paris à Lyon et de Lyon à Avignon devait marquer la fin de Lyon, ville de transit et ville d'entrepôt, et ruiner immanquablement la navigation à vapeur sur le Rhône. Un réquisitoire violent, publié à Lyon sous la signature de L. Bonnardel, et qui eut les honneurs de la lecture à l'Académie des sciences, belles-lettres et arts de Lyon, peint bien ce singulier état d'âme. L'opuscule débute par une apologie des transports par eau : « Est-ce que les rivières ne sont pas des rails liquides d'une longueur immense, d'une durée sans fin, d'une puissance sans bornes ; des rails qui ne s'usent pas et qui portent des wagons mus par la même force et mille fois plus puissants, plus élégants que vos wagons en miniature de terre ferme ? » La conclusion mérite d'être citée : « La solution de continuité ou la mort !... Je comprends Rostopchine brûlant Moscou pour arrêter nos légions ; j'aurais compris Napoléon brûlant Lyon ou Paris pour arracher la France à la honte et aux malheurs de l'invasion, je m'incline en pareil cas de-

vant cet *ultima ratio* du destin, devant cette loi suprême
de la nécessité ; mais anéantir une ville comme Lyon, afin
de fournir à quelques touristes pressés ou ennuyés le moyen
de gagner une demi-heure sur un trajet de deux cents
lieues, cela est impossible. J'aimerais autant, je crois, Néron
brûlant Rome pour se divertir. »

D'après Bertall
(Cahier des charges des chemins de fer, Hetzel 1847)

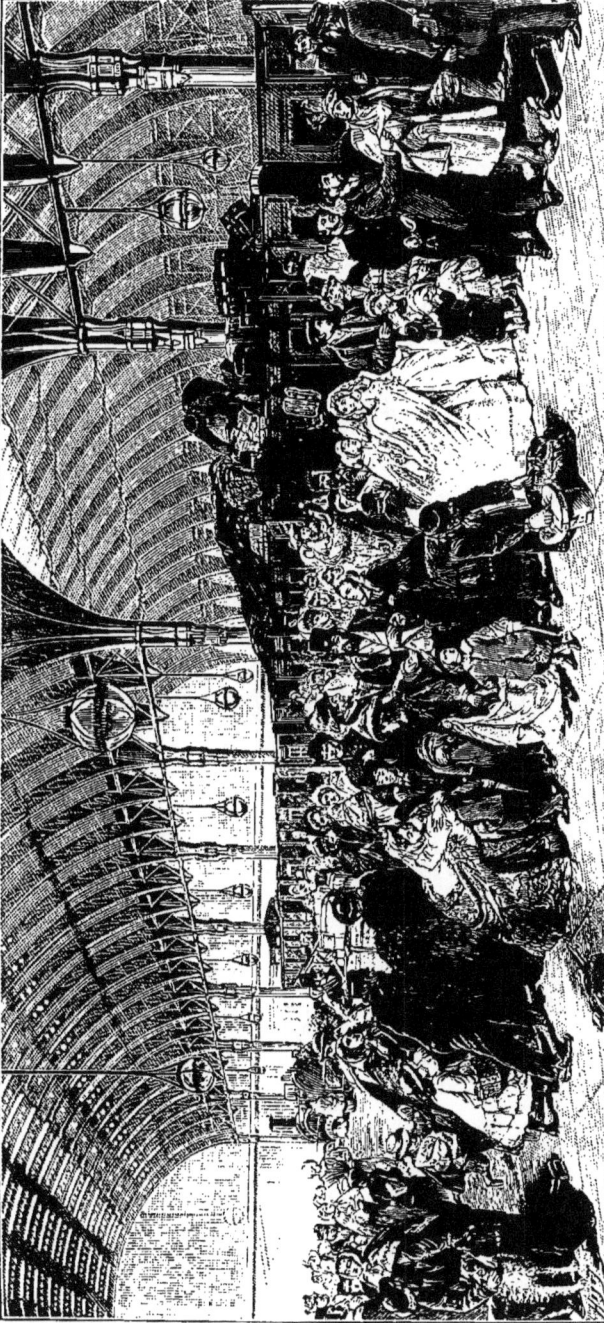

The Railway station (1860)

Coll. du P.-L.-M.

Le Comte de Morny
(D'après Léon Noel). (*B. N., Cabinet des Estampes*)

V

Le Comte de MORNY

A la fin de la seconde République les grandes lignes qui, d'après le plan de 1842, devaient sillonner la France, n'étaient exécutées qu'à l'état de tronçons.

Aussi le Gouvernement issu du coup d'État, soucieux de relever la situation économique du pays, s'attacha-t-il sans tarder à l'œuvre des chemins de fer.

Tout d'abord la concession du *Lyon-Avignon*, demeurée en suspens, fut adjugée le 3 janvier 1852 à MM. Génissieu, Boigues et Cie, Emile Martin et Cie, Ed. Blount, Parent, Drouillard, Benoist et Cie, constructeurs ou maîtres de forges qui s'étaient assuré le concours de MM. André Kœchlin et Cie de Mulhouse, Schneider et Cie du Creusot, Brassey, Betts et Peto de Londres, Paulin Talabot, etc...

Puis, un décret rendu le 5 janvier 1852 sur la proposition de M. Magne, ministre des travaux publics, concéda pour

M. Magne
(B. N. Cabinet des Estampes)

99 ans le chemin de fer de *Paris à Lyon* à un groupe qui comprenait les entrepreneurs et les financiers les plus réputés de l'époque : MM. Brassey de Londres, duc de Galliera, Salomon Heine de Hambourg, Hottinguer et Cie, J. Lock de Londres, Mallet frères et Cie, Marcuard et Cie, Morton Peto de Londres, Pillet-Will et Cie, Rothschild frères de Paris, Rothschild et fils de Londres, Seillière, etc... L'État obtenait le remboursement des travaux qu'il avait exécutés, — cent quatorze millions, — accordait une garantie d'intérêts et s'assurait une participation dans les bénéfices. Les deux lignes devaient être achevées en 1856 de façon à permettre l'ouverture à cette date de la voie Calais-Paris-Lyon-Marseille.

Enfin le Gouvernement se préoccupa de régler le sort des petites Compagnies en exploitation, — Avignon à Marseille, Chemins du Gard, Montpellier à Cette, Montpellier à Nîmes, dont la situation était des plus précaires. Il présenta un projet de loi autorisant leur cession au Lyon-Avignon. Le comte de Morny en fut le rapporteur. Ce demi-frère de Napoléon III, la veille encore ministre de l'Intérieur, démissionnaire à la suite du décret de confiscation des biens de la famille d'Orléans, jouissait de toute la sympathie des financiers. « A vingt-sept ans, il s'était essayé en Auvergne, aux affaires industrielles, en y créant de grands établissements de sucre indigène (1). Il y avait montré de telles capacités que les chefs de cette industrie

(1) Aujourd'hui : Société de Bourdon.

— 66 —

l'avaient élu, malgré sa jeunesse, comme leur représentant. A la Chambre, sous Louis-Philippe, il avait marqué dans les discussions économiques, luttant pour la coupure des billets de banque, pour la liberté de l'industrie, la légalité des marchés à terme (1). »

Le rapport de Morny résume très habilement les difficultés à résoudre : « Les chemins de fer compris entre Lyon et la Méditerranée sont aujourd'hui divisés en six concessions régies par autant de cahiers des charges divers et exploités par cinq Compagnies différentes. La situation de la plupart de ces Compagnies est loin d'être brillante : sans ressources, sans crédit, sans correspondance entre elles, avec un matériel insuffisant et détérioré, elles ne peuvent faire aucune dépense d'amélioration, ni abaisser leurs tarifs ; elles n'offrent aux voyageurs que de l'incommodité et des dangers, au commerce que des tarifs inabordables... Au moyen de la convention qui vous est proposée, par un mécanisme purement financier, à l'aide d'une garantie d'intérêt que l'État ne sera jamais exposé à payer, à cet état de choses misérable va immédiatement succéder une situation florissante et avantageuse pour tous... Un seul cahier des charges, le plus récent, le plus libéral à l'égard du public, le mieux disposé pour le contrôle du Gouvernement s'appliquera sans distinction à toutes les lignes... En redoutant les grandes Compagnies dirigées par des hommes considérables, offrant à l'État et au public plus de garanties et de

La Malle-poste
(B. N. Cabinet des Estampes)

(1) Maurice Dumoulin : L'argent des Comédiens (L'*Opinion* du 30 avril 1910)

Service des postes. Vue extérieure du bureau ambulant
(Coll. de l'Illustration)

sécurités, les anciennes assemblées se sont effrayées d'un fantôme et n'ont pas montré une grande élévation d'esprit... » (1)

Aux termes de la loi votée sans discussion le 8 juillet 1852, la ligne d'Avignon à Marseille, celle de Montpellier à Cette, la Compagnie du Gard, le chemin de Montpellier à Nîmes étaient cédés, à charge d'une rente annuelle garantie par l'État pendant cinquante ans, à la Compagnie de Lyon à Avignon qui prenait le titre de Chemin de fer de Lyon à la Méditerranée. Le directeur était Paulin Talabot. MM. Benoist d'Azy, Bartholony, Blount, Enfantin, Hely d'Oissel entraient au Conseil d'Administration.

⁂

Le succès qu'avait obtenu son rapport donna au comte de Morny l'ambition de s'essayer aux entreprises de chemins de fer; mais il apporta dans la réalisation de ses idées une conception nouvelle. Les concessions accordées jusque là rentraient toutes dans le cadre de 1842 : le

Intérieur du bureau ambulant
(Coll. de l'Illustration)

(1) *Moniteur* du 27 juin 1852.

Le chemin de fer de Lyon. — Embarcadère spécial des nourrices de Bourgogne.
(D'après Daumier)   (*B. N. Cabinet des Estampes*)

rayonnement de la capitale vers les frontières. La Société qu'il fonda le 28 juillet 1853 sous le nom de « Société anonyme du Chemin de fer Grand Central de France » avait, au contraire, pour but de raccorder entre elles les différentes lignes exploitées dans le centre et le sud-ouest, et de pousser les voies plutôt dans le sens transversal que dans le sens longitudinal. Le Conseil d'Administration réunissait sous sa présidence MM. Donon, G. Delahante, Calvet-Rogniat, le marquis de Latour-Maubourg, Hutchinson, etc... La souscription fut ouverte. Elle eut un succès prodigieux non seulement dans le monde des affaires, mais dans le monde tout court, dont Morny était roi ; aussi dans le monde des théâtres où l'ancien ministre avait beaucoup fréquenté et fréquentait encore.

L'appétit des souscripteurs s'étale naïvement dans une série de lettres d'artistes adressées au comte de Morny et dont voici quelques-unes : (1)

De Samson, le maître de Rachel et des deux Brohan :

(1) Nous devons à M. Maurice Dumoulin l'aimable autorisation de publier ces lettres.

« Monsieur,

« Je vous deman-
de pardon de l'im-
portune et indiscrè-
te requête que j'ose
vous adresser, et qui
est un peu autorisée,
permettez - moi de
le dire, par la toute
aimable bienveil-
lance que vous
m'avez témoignée
en quelque occa-
sion. Je cherche un
placement avanta-
geux pour le pro-
duit de la repré-
sentation qui vient
d'être donnée à
mon bénéfice, et je
viens vous deman-

The driver 1832
(Coll. du P.-L.-M.)

der s'il vous serait possible de disposer en ma faveur de quelques
coupons du Grand Central. Je sais que cela est fort recher-
ché, que la concurrence est grande et ma prière peut-être
tardive. Veuillez, en m'excusant, m'honorer d'un mot de
réponse, et croire, quel que soit l'évènement, aux sentiments
de haute considération de votre très humble serviteur.

« SAMSON

25 avril 1853.   14, rue Chabanais. »

De Got qui écrit sous le patronage de l'Administrateur de
la Comédie-Française :

« Monsieur le Comte,

« M. Arsène Houssaye m'encourage à vous demander des
actions du Grand Central, en m'assurant presque que vous
ne me refuserez pas. Mais si peu que vous m'en daigniez
accorder, si proportionné que ce soit enfin avec les pau-

The driver 1852
(*Coll. du P.-L.-M.*)

vres ressources d'un jeune artiste, croyez que vous ne diminuerez rien des sentiments profonds que m'inspire votre exquise bienveillance.

« Veuillez agréer, Monsieur le Comte, l'assurance du respect inaltérable de votre très humble serviteur.

« EDMOND GOT

14, rue de Rivoli. »

11 mai 1853.

De Mme Allan-Despréaux, l'amie de Talma, qui avait quitté la Russie pour venir créer à la Comédie-Française les proverbes de Musset :

« Monsieur le Comte,

Quoique n'ayant pas l'avantage d'être personnellement connue de vous, je prends cependant la liberté de vous adresser une demande. Je viens vous prier de me protéger pour me faire avoir des actions du Chemin de fer du Centre ; c'est ainsi, je crois, qu'on nomme le nouveau chemin dont vous avez accepté hautement la présidence.

« C'est à titre d'artiste que je vous fais cette demande, Monsieur le Comte ; je suis propriétaire assez infortunée en Afrique et 1848 a diminué de moitié un petit avoir gagné fort ennuyeusement à l'étranger.

« Soyez bon, Monsieur le Comte, comme vous l'avez été dernièrement en prononçant quelques paroles bienveillantes dont je vous sais un gré infini et qui m'ont parfaitement servie.

« Je ne veux point vous importuner plus longtemps et je vous prie, Monsieur le Comte, de me croire votre très obligée et surtout bien reconnaissante.

« Louise ALLAN.

« Je désirerais cent actions n'osant en demander davantage quoique j'en aie bien envie.

Jeudi 13 avril.

47, rue Laffitte. »

Eugénie Doche, la créatrice de la *Dame aux Camélias*, ne sait pas au juste de quoi il s'agit ; elle pressent une bonne affaire, cela suffit et elle demande :

« Mon cher Comte,

« Vous allez me trouver bien indiscrète sans doute, mais je compte sur votre vive amitié pour m'excuser auprès de vous... On me dit qu'il se prépare une affaire d'actions annexées à celles de la Vieille-Montagne, vous serez mille fois aimable de m'en réserver quelques-unes... Je vous en serais toute reconnaissante... Je vous serre la main.

« Eugénie DOCHE.
6, rue Neuve-des-Capucines. »

Enfin, la Cerrito, « la quatrième grâce » qui, danseuse à l'Opéra, eut l'honneur de collaborer à des ballets avec Théophile Gautier, écrit sur du papier gaufré bordé de bleu :

« Monsieur le Comte,

« Malgré un premier fiasco, je hasarde aujourd'hui ma demande pour des actions du Chemin de fer de Bordeaux à Lyon, ayant toujours confiance dans votre bonté. J'en remet (*sic*) le nombre à votre générosité.

« Dans l'espérance que vous me concéderez une telle faveur, je vous prie d'agréer d'avance mes vifs remerciements et en attendant j'ai l'honneur de me déclarer,

« De vous, Monsieur,

« La très obligée et dévouée

« Fanny CERRITO.

30 avril 1853.

37, rue de la Tour-d'Auvergne ».

Got reçut vingt-cinq actions, tous vraisemblablement obtinrent quelque chose ; aucun sans doute n'eut à se féliciter du placement.

*
* *

Le Grand Central formé de lignes secondaires et peu homogènes ne pouvait réaliser une exploitation fructueuse. Morny quitta bientôt la présidence du Conseil d'Administration de la Société pour celle du Corps Législatif et la Compagnie, obligée d'en venir à une liquidation, disparut, partagée en deux parts données l'une à la Compagnie d'Orléans, l'autre aux deux Compagnies réunies de Lyon et de la Méditerranée, en vue de constituer deux grands réseaux distincts à l'ouest et à l'est de la chaîne centrale qui sépare le bassin du Rhône de celui de la Garonne.

Le départ et l'arrivée

(Coll. du P.-L.-M.)

Plaquettes et medailles
(Coll. du P.-L.-M.)

VI

LE P. L. M.

Les deux Compagnies du Paris-Lyon et du Lyon-Méditerranée n'avaient pas tardé à comprendre l'impérieuse nécessité qu'il y avait pour elles à consolider leur situation par l'adjonction des lignes existantes branchées sur leurs réseaux. De leur côté les Pouvoirs Publics et l'opinion commençaient à se rendre compte des avantages que donnaient les fusions : réduction des frais généraux et des frais accessoires, diminution des transbordements et des délais, uniformisation des tarifs, etc...

Cette politique triompha pendant les années de 1852 à 1857 au cours desquelles la Compagnie de Paris à Lyon racheta la ligne de Dijon à Belfort dont deux administrateurs, MM. le comte de Vaulchier et Girod de l'Ain (1), entrèrent dans son Conseil, sollicita ou accepta les concessions de Nuits-sous-

---

« (1) Le baron Edouard Girod de l'Ain était né à Gex, en 1819 ; deux générations avaient illustré son nom par l'épée, sous la robe et dans les parlements : ses goûts le conduisirent d'abord au Conseil d'État, puis sous les auspices de M. Dumon (qui l'avait choisi pour collaborateur au Ministère des Travaux publics), il s'éprit de l'industrie nouvelle des chemins de fer et fut l'un des fondateurs de la Compagnie de Dijon à Besançon en 1852, de la Compagnie de Lyon à Genève en 1853, puis de la Compagnie P.-L.-M., en 1857. Ce bon ouvrier du puissant édifice en avait vu élever toutes les assises ; il savait dire ce qu'on pouvait demander à leur conception, à leur résistance, et pendant 45 ans, avec une activité qui ne connut de la vieillesse que la modération et l'expérience, il mit au service des intérêts sociaux de la Compagnie, son clair bon sens, son entente économique et sa parfaite droiture. Il mourut le 6 janvier 1906, à 86 ans.

(Procès-verbal du Conseil d'Administration de la Compagnie P.-L.-M., 12 janvier 1906).

Baron Girod de l'Ain

Ravières à Châtillon-sur-Seine, de Nevers à Chagny, de Chalon à Dôle et de Bourg à Besançon, et, de concert avec la Compagnie d'Orléans, forma une Société en participation pour l'exécution d'un chemin de fer de Paris à Lyon, par le Bourbonnais.

De son côté la Compagnie de Lyon à la Méditerranée acquérait le réseau de Lyon à Genève, commençait la ligne de Marseille à Toulon, achevait les sections Avignon-Valence et Valence-Lyon.

La section de Valence à Lyon n'était pas terminée quand éclata la guerre d'Orient et il fallut durant plusieurs mois, en dépit de cette lacune de 105 kilomètres, effectuer des transports considérables de troupes et de matériel sans cesser de pourvoir aux exigences du service commercial. La voie fut livrée à la circulation le 16 avril 1855, plusieurs mois avant la fin de la guerre, et put servir lors du retour des vainqueurs de Sébastopol (1).

(1) Char triomphant de l'industrie
    Sois encore, pour nos fiers guerriers
    Le noble char de la Patrie
    Quand elle a besoin de lauriers !
    A cette mère bien-aimée
    Qui paya leur sang de ses pleurs,
    Des bords lointains de la Crimée
    Demain ramène les vainqueurs !
        Tu bous, tu palpites
        Sur tes flancs agités
        Tes ailes plus vite
        Que les ailes du vent ;
        Dans ton vol rapide
        Sur la plaine aride
        Sort un feu livide
        De tes naseaux fumants...
    (Poésies des chemins de fer par un chauffeur. Lyon. Perrin 1855).

Les deux Compagnies de Paris à Lyon et de Lyon à la Méditerranée se faisant suite l'une à l'autre ne pouvaient se porter ombrage. La menace d'une coalition éventuelle des réseaux voisins (Orléans, Grand Central, Midi) détermina leur entente. Un traité de fusion fut signé le 11 avril 1857. Le même jour les Compagnies réunies acquéraient le Bourbonnais et divisaient avec l'Orléans la concession du Grand Central.

M. de Franqueville
(d'après Champollion)

Les accords de 1857, approuvés par décret impérial du 19 juin de la même année, comportaient la concession d'un certain nombre de lignes nouvelles : Mouchard aux Verrières, Montbéliard à Delle, Brioude à Alais, Toulon au Var, Avignon à Gap, Livron à Privas et à Crest, Sorgues à Carpentras.

Au point de vue financier la Compagnie était divisée en deux parties : l'ancien réseau composé des concessions de Paris à Lyon et de Lyon à la Méditerranée, et le nouveau formé par le Bourbonnais (y compris la ligne de Lyon à Roanne), les lignes provenant du Grand Central et les concessions nouvelles. L'ancien réseau devait recueillir jusqu'en 1866 tous les bénéfices dus au développement naturel de l'exploitation et concourir seul à la formation du dividende. Mais son produit net au delà d'un certain chiffre correspondant à un dividende de 47 francs par action était déversé sur le nouveau réseau, en atténuation de ses charges dont le montant pouvait d'ailleurs être imputé pendant huit années au compte de premier établissement. Une fois ce prélèvement opéré, si le résultat dépassait l'intérêt à 8 o/o du capital de l'ancien réseau, l'excédent devait être partagé par moitié avec l'État. Cette dernière clause ne pouvait jouer qu'à partir de 1866.

Ainsi l'État se voyait associé aux bénéfices de l'entreprise.

Les statuts de la Compagnie du Chemin de fer de Paris à Lyon et à la Méditerranée, reçus par Mes Fould et Dufour, no-

M. Dassier

taires à Paris le 30 juin 1857, approuvés par décret de l'Empereur en date, à Plombières, du 3 juillet suivant, consacrèrent la fusion des deux Sociétés ; mais, malgré l'unité apparente, administrations intérieures et comptabilités demeurèrent quelques années distinctes : M. Dassier présidait la section nord du réseau, M. Dumon la section sud. Les directeurs étaient : pour la première, M. Chaperon ; pour la seconde, Paulin Talabot. Une Commission mixte statuait sur les intérêts communs.

Cependant les Compagnies avaient trop présumé de leurs forces en acceptant la concession, sans subvention ni garantie d'intérêts, d'un ensemble de lignes secondaires d'une grande étendue, d'une dépense considérable et d'un produit incertain. Une crise commerciale qui commençait à sévir et qui provoquait une dépression dans l'industrie des transports amena, dans le second semestre de 1857, un abaissement sensible dans les recettes du réseau. L'opinion publique, au lieu de voir dans cette diminution des produits un fait accidentel et qui devait bientôt disparaître, crut y trouver une menace pour l'avenir. Les actions

M. Dumon

— 80 —

Quartier Napoléon. Le départ pour l'Italie, 1859
(*Coll. de l'Illustration*)

du chemin de fer de Paris à Lyon et à la Méditerranée, dont le cours était monté jusqu'à 965 francs, tombèrent brusquement à 710 francs.

Le péril pour les Compagnies était le même qu'en 1845-1848.

Elles essayèrent vainement de lutter contre les défiances croissantes des capitalistes ; l'impossibilité où elles se virent bientôt d'émettre des obligations en raison de leurs besoins, les décidèrent à recourir au Gouvernement, et à lui demander la revision de leurs contrats en même temps qu'un concours énergique.

La réorganisation du Ministère des Travaux publics, en 1855, avait appelé à la direction générale des chemins de fer un des plus fidèles amis de Paulin Talabot et de Didion (1), M. de

(1) Didion était, depuis 1852, directeur du Chemin de fer d'Orléans.

Entrée des anciens bains de Tivoli.
(Coll. du P.-L.-M.)

Franqueville, « celui de leurs camarades dont ils estimaient le plus la vive intelligence, le caractère aimable, l'esprit ouvert et conciliant. C'est à leur commune collaboration qu'on doit l'œuvre de 1859 qui, complétant et étendant celle de 1852, a constitué sur les bases que l'on sait l'ensemble du réseau français, et associé à sa construction les efforts du Gouvernement et de l'industrie privée (1) ».

Des pourparlers furent entamés. Ils aboutirent, le 22 juillet 1858, à la signature de conventions que vint approuver la loi du 11 juin 1859.

Ces conventions consacraient le principe de la garantie d'intérêt donnée par l'État pendant cinquante ans aux obligations, et reportaient au 1er janvier 1872 le point de départ du partage des bénéfices. Elles maintenaient la combinaison du déversoir, c'est-à-dire que toute la portion des produits nets de l'ancien réseau qui excédait le revenu moyen réservé par kilomètre devait être appliqué, concurremment avec les produits du nouveau réseau, à couvrir l'intérêt et l'amortissement garantis par l'État.

La Compagnie trouva dans ce contrat le moyen d'exécuter

(1) G. Noblemaire : *La vie et les travaux de Charles Didion.*

les lignes récemment concédées, de construire 114 kilomètres de lignes nouvelles (le Var à la frontière, Besançon à Gray et Vesoul) et d'acheter le réseau du Dauphiné et la ligne de Gray à Fraisans.

Les conventions de 1859 ont été l'objet de critiques passionnées. On leur a reproché d'avoir,

Entrée actuelle de l'Administration Centrale
des chemins de fer du P.-L.-M.

en livrant l'industrie des transports à des capitaux intraitables, compromis l'avenir économique du pays. La vérité est autre. Les résultats ont démontré que, loin d'avoir été onéreuses à la nation, elles ont facilité la création et l'organisation du réseau français et résolu, au grand avantage de tous, le problème si délicat de la législation des chemins de fer.

L'année 1859 est mémorable à un autre titre dans l'histoire du P.-L.-M. et de ses chefs. En même temps que ceux-ci discutaient et arrêtaient les articles de la nouvelle charte des Compagnies, ils concouraient, par leur activité patriotique, au succès des armées françaises en Italie. Dans l'espace de quatre-vingt-six jours, du 10 avril au 15 juillet, Talabot et Audibert réussirent à transporter sans aucun accident, sur le théâtre de la guerre, par la grande ligne Paris-Méditerranée, 227.669 hommes et 36.357 chevaux, assurant la jonction des armées alliées qui combattirent à Montebello, à Palestro, à Magenta et à Solférino.

Réception de la princesse Clotilde
a la gare de Lyon, 1859

En 1862 disparut définitivement la ligne de démarcation transitoire qui séparait encore les sections nord et sud du réseau; les deux Conseils fusionnèrent sous la présidence alternative de MM. Dassier et Dumo: (1); Paulin Talabot devint Directeur général.

L'année suivante fut marquée par la lutte que la Compagnie eut à soutenir contre les tentatives d'empiètement de la Compagnie du Midi et les essais de concurrence des chemins de fer d'intérêt local, par la revision du contrat de 1859, la concession de nouvelles lignes, et enfin l'adjonction du réseau algérien.

La Compagnie avait, en 1861, abandonné son hôtel de la rue de la Chaussée d'Antin exproprié pour la construction de la nouvelle salle de l'Opéra et le percement des voies qui devaient y aboutir, et s'était installée rue Neuve des Mathurins n° 44.

Elle n'y resta pas longtemps.

Le prolongement du boulevard Haussmann l'obligea, en 1867, à déménager une seconde fois. L'établissement des bains

(1) Chacun devait, jusqu'à la mort de l'un d'eux, présider alternativement le Conseil; le premier qui disparut fut M. Dassier, dont l'esprit quelque peu rigide et autoritaire avait suscité certaines inimitiés. Le jour de ses funérailles, M. Dumon, après avoir levé la séance, s'adressa a l'un de ses collègues, le duc de G... : « Je vais aux obsèques, venez-vous avec moi, mon cher duc ?... » Et celui-ci, pris de court : « Mon Dieu, je n'étais pas très bien avec M. Dassier... non, décidément, je n'y vais pas. Ah ! si c'était vous, M. Dumon, j'irais.. avec plaisir. »

Tivoli, rue Saint-Lazare n° 102, était à vendre (1). La Compagnie s'en rendit acquéreur, y transporta les services encore logés rue Laffitte n° 17, dans l'ancienne habitation de la reine Hortense, et en fit son siège social.

Deux ans plus tard, dans les salles désertes de cet hôtel à peine achevé, la Conseil d'Administration organisait de ses deniers une ambulance pour les blessés et les malades de l'armée de Paris.

Paulin Talabot, statuette de Dantan, 1865
(*Appartient à Mme la Comtesse Clary*)

(1, Le prospectus de l'établissement des bains Tivoli est intéressant à rapporter pour l'histoire du Vieux Paris. Nous en reproduisons la partie la plus intéressante :

ETABLISSEMENT DES BAINS DE TIVOLI

à Paris, rue Saint-Lazare, n° 102, Chaussée d'Antin.

• Cet Établissement fondé depuis près de cinquante années, situé dans l'un des quartiers les plus recherchés de la capitale est le seul qui offre les ressources de toute nature aux personnes malades comme à celles qui jouissent d'une bonne santé.

• Composé de cinq principaux corps de bâtiments, il renferme de nombreux logements, convenablement meublés, de toutes grandeurs et de tous prix, depuis le vaste appartement jusqu'à la modeste chambre. Presque tous les appartements ont vue sur un grand et beau jardin dessiné à l'anglaise, planté de grands arbres et offrant constamment aux personnes qui habitent la maison une promenade fort agréable dans l'Établissement même. Les différents corps de bâtiments communiquent entre eux par de grandes galeries vitrées, chauffées en hiver par des calorifères, ce qui permet aux locataires de prendre un exercice suffisant pendant la mauvaise saison.

« Le grand salon, la salle à manger, la salle de billard et l'anti-chambre sont chauffés de la même manière. Pour la commodité des locataires, de bonnes voitures de remise stationnent constamment dans la cour de ce grand Établissement.

« Des omnibus partant toutes les dix minutes et conduisant dans tous les quartiers de Paris ont leur bureau dans la maison. Un excellent restaurateur attaché à l'Établissement fournit à la carte et à des prix modérés tout ce qui est demandé par les locataires. Le Directeur reçoit à sa table les personnes qui préfèrent ne pas dîner dans leur appartement. Après le dîner, on se réunit au salon qui offre toutes les distractions qu'on rencontre ordinairement dans la bonne compagnie. »

Voyageur de 3ᵉ classe complètement gelés

IMPRESSIONS ET COMPRESSIONS DE VOYAGE

— Ah! miséricorde nous sommes tous perdus! Et! non c'est tout bonnement le convoi qui se remet en marche... du moment où la machine va en avant, les voyageurs vont en arrière... c'est connu !...

(d'après DAUMIER)   (B. N. Cabinet des Estampes)

Combats de Nuits (18 décembre 1870)

(D'après Lévigne)   (Coll. de M. Malherbe)

VII

1870-1871

Le jour même de la déclaration de guerre, — 15 juillet 1870, — la Compagnie était requise de mettre tous ses moyens de transport à la disposition du Ministre de la Guerre.

Le lendemain, les trains de troupes et de matériel circulaient sur le réseau ; mais très vite la situation fut rendue difficile par la nécessité où l'on se trouvait de mener de front les transports militaires et l'approvisionnement de Paris, et de suffire aux courants précipités d'émigration que produisait l'approche de l'ennemi.

Dès les premiers jours de septembre MM. Audibert, Directeur, et Ruinet, sous-directeur de l'Exploitation, durent fixer le siège de l'administration départementale à Clermont-Ferrand où M. Coffinet était alors inspecteur principal (1). Le 13 septembre l'arrivée des armées allemandes obligea à évacuer les tronçons de lignes qui avoisinaient Paris et à limiter l'exploitation à Sens sur la ligne de la Bourgogne, et à Montargis sur celle du Bourbonnais.

Baron de Nervo

Sauf l'occupation temporaire des environs de Montargis qui du 22 au 28 septembre ne permit pas aux trains de dépasser Gien, la situation ne se modifia guère jusqu'au milieu d'octobre. A partir de ce moment, et en moins de quinze jours, les progrès de l'ennemi firent reculer les têtes de lignes à Tonnerre, à Dijon et à Beaune sur la ligne de la Bourgogne, à Gien sur la ligne du Bourbonnais, et abandonner complètement les embranchements d'Auxerre, de Châtillon-sur-Seine et de Gray.

(1) « Le 1er août 1849, Alexandre Coffinet, diplômé de l'École Centrale, entrait à la Compagnie de Paris à Lyon comme employé de 2e classe, aux appointements de 125 francs ; il avait alors 24 ans. On le mit au Mouvement dont il connut les plus humbles besognes et le bâton de maréchal voisinait dans sa giberne avec les étiquettes et les chiffons d'essuyage Sept ans après il dirige la gare de Lyon-Vaise : avec sa forte carrure de Franc-Comtois, son goût de l'ordre dans l'activité, l'égalité de son humeur, sa discipline, sa justice, il marqua comme un modèle de ces chefs de gare, précieux jalons de notre réseau et qui semblent encore aujourd'hui frappés de sa même et solide empreinte Et puis ce fut Clermont où il résida 13 années. Vint la tourmente de 1870. Audibert vit à l'œuvre l'Inspecteur principal et le jugea. Aussitôt après la guerre Coffinet passe Inspecteur principal à Lyon ; deux ans écoulés il est à Paris Inspecteur général, puis Sous-Chef de l'Exploitation près de M. Bidermann et Chef de l'Exploitation. Sous-Directeur en 1881, il se démit de ses fonctions à 70 ans et prit place au Conseil de la Compagnie qui l'élut Vice-Président en 1909. »

Il mourut le 17 octobre 1910.

(Procès-verbal du Conseil d'Administration du 28 octobre 1910.)

Siège de Paris. — Départ d'un ballon-poste
(D'après Jeanne Petit-Jean)   (Coll. de M. Malherbe)

Les communications sur Besançon et Belfort restaient encore ouvertes par la ligne de Bourg à Lons-le-Saunier. Mais, au début de novembre, l'autorité militaire de Besançon détruisit quatre ponts sur le Doubs, entre Clerval et Montbéliard : tout espoir de secourir Belfort était désormais perdu.

Le 30 octobre, Dijon avait capitulé après sept heures de combat. Du 1er au 7 novembre les Allemands poussèrent dans les vallées de la Saône et de l'Ouche des reconnaissances qui déterminèrent l'évacuation des sections de Chagny-Montchanin et d'Autun-Épinac. Leur objectif était l'établissement du Creusot où se trouvait une grande quantité de matériel de guerre en construction. Grâce à l'activité de M. de la Taille, inspecteur de la ligne à Autun, tout ce matériel put être chargé le 5 novembre sur 70 wagons et dirigé vers Moulins.

Dès lors Dijon et Gien, occupés et réoccupés à diverses reprises, marquent la limite extrême qu'il n'est plus permis de dépasser au nord et en deçà de laquelle le service se trouve arrêté à des distances variables d'un jour à l'autre, suivant les péripéties de la lutte terrible qui va s'engager dans cette région sous l'impulsion venue de Bordeaux.

Gambetta, passant outre aux avis de Bourbaki et de Chanzy,

avait décidé en effet, dans l'espoir de dégager Paris, de tenter une diversion dans l'extrême-est.

Le 19 décembre, à trois heures du matin, Audibert recevait de M. de Freycinet la dépêche suivante expédiée de Bordeaux : « Il est probable que Gambetta, présent à Bourges, aura besoin demain lundi, du concours de votre Compagnie pour prendre des dispositions spéciales. Je vous prie donc de vous rendre directement à Bourges et de vous adresser de ma part à M. de Serres chez M. Gambetta. Il n'y a pas un instant à perdre. »

Il s'agissait de transporter sans délai le 18ᵉ et le 20ᵉ corps alors concentrés vers Bourges, de la Charité et de Nevers sur Autun, Chagny et Chalon, et, en même temps, le 24ᵉ de Lyon vers Besançon : en tout 90.000 hommes plus l'état-major et les services auxiliaires. La Compagnie d'Orléans devait fournir une partie du matériel nécessaire au transport des troupes réunies à Bourges.

L'insuffisance des communications télégraphiques, la nécessité de maintenir immobilisées à Lyon les voitures indispensables au mouvement du 24ᵉ corps, les difficultés que rencontra la Compagnie d'Orléans à faire rentrer ses wagons arrêtés sur la ligne de Cherbourg firent perdre plusieurs journées.

Le 24 seulement, sous la direction de MM. Bidermann, chef de l'Exploitation, Coffinet et Mitchell, inspecteurs principaux, l'embarquement prit une allure accélérée par les trois stations de la Charité, Nevers et Decize.

Mais des obstacles de toute nature vinrent contrarier les opérations la neige, le froid exceptionnel — la température se maintenait constamment de 12 à 16 degrés au-dessous de zéro, — ralentissaient les manœuvres de formation des trains.

Plusieurs machines durent jeter leur feu par suite de ruptures de conduites ou de congélation des tuyaux. Enfin, un encombrement inouï entravait le retour du matériel vide : 1.800 wagons chargés d'approvisionnements stationnaient entre Nevers et Moulins, entassés dans les gares, et bloquant toute la seconde voie entre Saincaize et Saint-Imbert sur une longueur de 16 kilomètres.

La situation se compliqua encore lorsque Gambetta, impatient d'obtenir des résultats décisifs, se décida à envoyer le 15ᵉ corps à Bourbaki. Le 31 décembre M. de Freycinet télégraphiait au représentant de la Compagnie : « Veuillez prendre toutes vos dispositions pour pouvoir, aussitôt que vous en aurez reçu ordre par le télégraphe, transporter en trente-six heures le 15ᵉ corps d'armée de Vierzon, où il est actuellement, sur un point à déterminer de la ligne de Vesoul à Montbéliard... »

Le lendemain, Audibert était avisé que l'opération annoncée commencerait le 3 janvier à 6 heures du matin et devrait être terminée le 4 dans la soirée, soit un jour et demi pour conduire 35.000 hommes, 20 batteries d'artillerie et les services habituels de l'Intendance sur un parcours d'environ 445 kilomètres encombré de trains militaires et de convois de ravitaillement !

Malgré les observations présentées par la Compagnie, le point de destination fut fixé à Clerval, dernière station accessible au delà de Besançon sur la ligne de Montbéliard, et dont la gare des plus restreintes ne possédait ni quais pour les débarquements d'artillerie et de cavalerie, ni voies pour garer les trains.

Ce choix eut des conséquences déplorables. L'embarquement se fit très ponctuellement à Vierzon et à Bourges, mais les trains ne pouvant se décharger restèrent échelonnés pendant plus de dix jours, depuis Saincaize et Nevers jusqu'à Clerval, par un froid de 12 à 15 degrés. « Les chefs n'osaient pas donner aux soldats l'ordre de descendre et de se cantonner dans les villages, ignorant à quel moment la circulation pourrait reprendre. Des souffrances terribles furent endurées. Un grand nombre de chevaux périrent.

Mais ce qui fut peut-être plus désastreux encore, c'est que les approvisionnements de l'Intendance furent, par suite de cet encombrement, arrêtés sur des points éloignés du théâtre des hostilités (1) ».

Le 19 janvier l'avant-garde de Manteuffel arriva sur la Saône menaçant Dijon et Dôle et obligeant Bourbaki à se mettre en

(1) M. de Freycinet : *La Guerre en province*.

PASSE-PORT

Valable

pour un an

N°

Signalement

Âgé de 23 ans
Taille d'un Mètre
Centimètres
Cheveux blonds châtain
Front moyen
Sourcils châtains
Yeux bleus
Nez ordinaire
Bouche moyenne
Barbe châtain
Menton rond
Visage ovale
Teint pâle

Signes particuliers

Signature du Porteur

GRATIS

Nous, Envoyé extraordinaire et Ministre Plénipotentiaire de S. M. le Roi des Belges, en France.

Invitons les autorités Civiles et Militaires à laisser passer et librement circuler Monsieur Dion Oscar, fabricant de verrerie, natif de Mons habitant à Aniche (Nord)

se rendant de Paris en Belgique et à lui donner aide et protection en cas de besoin.

Paris, le 10 Mars 1871
Pour le Ministre
Le Secrétaire de Légation

(Archives de M. le baron J. de Nervo)

RÉPUBLIQUE FRANÇAISE.

LAISSEZ-PASSER.

Nom : *Nervo (Baron de)*

Prénoms : *Robert Ernest Frédéric Marie*

Profession : *Secrétaire du Conseil de la Cᵉ des chemins de fer Paris Lyon Méditerranée*

Domicile : *au siège social 88 Rue St Lazare à Paris*

Age : *28 ans.*

Objet du voyage : *Mission relative au rétablissement de la ligne* **Urgence**

Aller et retour : *Paris, Clermont-ferrand et Marseille*

Direction suivie : *Juvisy. Vierzon. Sincaise. St Germain au fossé*

Paris, le *1er février* 1871.

Vu par le Préfet de police :

Par autorisation du Général en chef :

Le Général, Chef d'État-Major général.

Art. 10 de la Convention :

Toute personne qui voudra quitter la ville de Paris devra être munie de permis réguliers délivrés par l'autorité militaire française et soumis au visa des avant-postes allemands. Ces permis et visas seront accordés de droit aux candidats à la députation en province et aux députés à l'Assemblée.

La circulation des personnes qui auront obtenu l'autorisation indiquée ne sera admise qu'entre six heures du matin et six heures du soir.

Art. 2 du Règlement :

Les personnes qui auront obtenu la permission de franchir les avant-postes allemands ne pourront le faire que par les lignes suivantes : routes de Calais, Lille, Metz, Strasbourg, Bâle, Antibes, Toulouse, n° 189 (Issy).

Ponts de la Seine comprenant ceux de Sèvres, de Neuilly, d'Asnières et de Saint-Cloud.

(Archives de M. le baron J. de Nervo)

retraite. La communication de l'armée française vers Dijon fut interceptée à Dôle le 21, celle avec Lons-le-Saunier le 24. Plus de 2.500 wagons restèrent immobilisés entre Lyon et Besançon couvrant les voies, remplissant les gares, rendant tout service

Défense de Paris. L'atelier de fabrication
des affûts de canon à la gare de Lyon

impossible. Ce fut la fin : l'armée de l'Est, séparée de ses approvisionnements, prise en tête et en queue par des forces supérieures, dut gagner le territoire suisse sous la protection des vieux forts de Salins et de La Cluse que M. Robert, inspecteur de la ligne à Pontarlier, avait réussi à approvisionner.

Les Compagnies secondées par un personnel admirable avaient fait, en province, un effort considérable. « Par les temps les plus affreux, aux températures les plus basses, les manœuvres s'effectuaient dans les gares ; les modestes ouvriers de la voie, les pieds dans la neige, assuraient l'espacement des trains, les mécaniciens passaient des semaines sur les machines. A Forbach, à Orléans, au Mans, à Dôle, les agents des chemins de fer sauvaient les caisses, les munitions, les vivres de l'armée, et travaillaient pendant des heures entières sous le feu de l'ennemi (1). »

Dans Paris assiégé, les Compagnies fournirent à la défense le talent de leurs ingénieurs et le travail de leurs ateliers, fabriquant le matériel, improvisant l'armement, installant des machines pour la trituration des grains nécessaires à l'alimentation, établissant à leurs frais des ambulances. « C'est de leurs gares que sont partis les ballons qui, plus heureux que les locomotives, pouvaient franchir les lignes allemandes et porter à la province des nouvelles de Paris. Leurs ateliers ont été transformés en arsenaux, et même leurs gares en parcs à moutons ; en un mot elles ne sont demeurées

(1) Ch. Lavollée : *Les Chemins de fer pendant la guerre* (*Revue des Deux-Mondes* : 15 octobre 1871)..

étrangères à aucun des efforts qui ont été tentés pour la défense nationale, et elles méritent la mention la plus honorable dans l'histoire du siège (1). »

Belfort pendant le siège
(Coll. de l'Illustration)

La convention qui régla les préliminaires de paix ne rendit pas au P.-L.-M. les lignes occupées. Elle n'autorisa même l'exécution des trains nécessaires au ravitaillement de Paris par la ligne du Bourbonnais que sous la tutelle de l'Administration allemande qui resta, jusqu'au 15 mars, en possession des voies sur lesquelles elle avait établi des services d'approvisionnement. Malgré les obstacles de toute nature qu'entraînait l'application de ce régime la Compagnie put, le 5 février, mettre en marche les trains de ravitaillement et, le 9 du même mois, organiser un service de voyageurs.

Il y avait donc à peine quelques jours que l'activité avait repris sur le réseau quand l'insurrection de Paris éclata. Le matériel, les marchandises, les valeurs accumulées dans les établissements de la Compagnie se seraient donc trouvés à la merci des comités et des bandes qui semaient partout le désordre, si le personnel n'avait su résister aux sollicitations et aux menaces des recruteurs de la Commune.

Durant le siège, les ouvriers des Compagnies avaient formé dans la garde nationale des bataillons distincts qui avaient vaillamment manié tour à tour l'outil et le fusil. Ils eurent en 1871 la même attitude patriotique. Les ateliers des chemins de fer gardèrent leur activité, « leurs ouvriers ne se mêlèrent pas aux insurgés et, lorsque tant d'autres se laissaient entraîner, ils demeurèrent fidèles à leurs devoirs de bons citoyens et d'honnêtes gens. Voilà ce que produit

(1) Jacqmin : *Les Chemins de fer pendant la guerre de 1870-1871.*

Alphonse Baudin

une organisation sagement entendue. Elle entretient le patriotisme, le sens droit, le travail. Elle explique comment, au milieu des catastrophes qui se sont accumulées sur Paris, la corporation ou plutôt l'armée des chemins de fer a pu rendre tant de services à la défense nationale (1) ».

Quant au personnel de la gare il était soutenu et dirigé par un jeune sous-chef, M. Regnoul, qui risqua à maintes reprises sa liberté et sa vie et qui, après la paix, devenu chef de gare, sut par sa fermeté et son aménité concilier à la Compagnie d'universelles sympathies.

Malheureusement, au cours des derniers combats livrés contre l'émeute, un incendie allumé par les projectiles échangés entre les troupes régulières et les insurgés se déclara dans le bâtiment de l'Administration, boulevard Mazas, attenant à la gare de voyageurs, et détruisit la plus grande partie des archives de l'exploitation et de la comptabilité. A la faveur du désordre une bande de pillards s'introduisit dans les ateliers de réparation du matériel, refoula les ouvriers à coups de fusil et mit le feu méthodiquement aux ateliers d'ajustage. Le sinistre put être localisé grâce au dévouement des agents qui, malgré le danger auquel les exposait le feu des combattants, travaillèrent pendant trente-six heures à préserver la gare.

Le siège de l'Administration avait été, pendant la Commune, maintenu à Clermont-Ferrand Une délégation du Conseil était à Versailles. M. de Nervo, secrétaire du Con-

(1) Ch. Lavollée : *loc. cit.*

seil, dirigeait le service d'ambulance de la rue Saint-Lazare et assurait la liaison entre Paris, Versailles et Clermont. Deux fois, il réussit sous un nom d'emprunt (1),

Ravitaillement de Paris.
Arrivage du 1er convoi de vivres, nuit du 3 au 4 février

à franchir les postes des fédérés et, par des voies détournées, à porter à Clermont-Ferrand, dissimulés sous ses vêtements, six millions et demi en billets de banque qu'il importait de soustraire aux recherches des insurgés (2).

De son côté M. Alphonse Baudin, Secrétaire général de la Compagnie, après de vains efforts auprès des banquiers anglais, trouvait en Suisse, grâce à ses relations personnelles, grâce aussi à l'intervention de M. Bartholoni, Président du Conseil de la Compagnie d'Orléans, les concours financiers indispensables à la reprise de l'exploitation.

La paix signée, l'insurrection réprimée, la Compagnie qui avait, on peut le dire, vaillamment fait campagne, accepta courageusement sa part du désastre commun.

Le bilan que M. le Comte Benoist d'Azy, Président du Conseil, soumit aux actionnaires le 3 août 1871 accusait une moins-value de douze millions dans les produits nets de l'exploitation, et une perte de trois millions et demi en dommages matériels (destruction de ponts, de gares et de clôtures, perte de wagons et d'approvisionnements). La Compagnie avait droit en vertu de la garantie, à une somme d'environ six millions. Elle ne réclama rien.

Audibert chargé, lors du siège de Paris, d'assurer les services en province et de veiller au maintien de l'ordre sur

(1) Le passe-port avait été délivré par la légation de Belgique au nom de M. Oscar Drion, fabricant de verreries (Voir page 94).
(2) M. de Nervo fut fait Chevalier de la Légion d'Honneur le 15 octobre 1871 pour services rendus aux ambulances. Neveu de Paulin Talabot, il entra en 1877 au Conseil de la Compagnie et devint Vice-Président en 1895.

Comte Benoist d'Azy

les lignes, avait fait preuve, dans cette pénible mission d'une fermeté et d'une énergie exceptionnelles.

Le Conseil décida, sur la demande de Talabot, de l'associer à la Direction Générale. Mais les épreuves morales et physiques de l'année terrible avaient profondément altéré sa santé. Il dut prendre un congé. A peine convalescent, il s'empressa de revenir à son poste. Ses premiers efforts l'épuisèrent; il mourut le 31 mai 1873. Talabot, cruellement affecté par cette perte, suffit à tout sans faiblir et donna « ce spectacle surprenant d'un vieillard de soixante-quatorze ans resaisissant d'une main ferme le gouvernail, et se remettant à l'œuvre de sa jeunesse avec cette résolution tranquille qui n'a jamais connu les difficultés (1) ».

(2) G. Noblemaire : *Discours prononcé aux obsèques de Paulin Talabot.*

Paris. — Le Lion de Belfort, par A. Bartholdi

LES AGRÉMENTS DES CHEMINS DE FER

Collection de Monsieur S Petrelli

OO

| Piqueur de la voie | Employé aux recherches | Surveillant-Interprète |

Ces modèles et les suivants sont extraits du Tableau des Uniformes (*Coll. du P.-L.-M.*)

VIII

TENTATIVES DE CONCURRENCE

Pendant la durée de l'Assemblée Nationale le régime des Chemins de fer fut plusieurs fois remis en question.

Le 3 février 1872, MM. Laurier, Gambetta, Challemel-Lacour, Goblet, Tirard, etc... réclamèrent le rachat des réseaux, et leur affectation en gage hypothécaire d'un emprunt de trois milliards à émettre pour la libération du territoire.

M. Pouyer-Quertier, ministre des Finances, combattit énergiquement cette proposition. Sur sa demande, l'Assemblée repoussa l'urgence et le projet fut retiré par ses auteurs le 19 février.

Mais un autre danger menaçait les Compagnies.

Dès 1868, quelques spéculateurs avaient entrepris, sous le couvert de la loi de 1865, d'user des chemins de fer d'intérêt local pour faire concurrence aux réseaux existants. Peu leur importait qu'il fallût pour cela abandonner la voie étroite et engager des dépenses exagérées. En faisant miroiter aux yeux du public la possibilité de détourner le trafic des grandes lignes, ils espéraient séduire les capitalistes.

Ces spéculateurs songèrent à M. Philippart, alors directeur

Chef d'équipe

du bassin houiller du Hainaut et qui avait fait son industrie propre de la construction des chemins de fer belges.

Un premier réseau concurrent, celui du Nord-Est, fut constitué en 1869. Après les évènements de 1870-1871, M. Philippart reparut. La situation était singulièrement favorable à ses projets. « La guerre avait suspendu pendant plusieurs mois la circulation commerciale et créé des transports spéciaux ; de grande masses d'hommes et de choses avaient été violemment déplacées ; les voies et les véhicules avaient été coupés, brisés, confisqués. Et tout à coup la paix ouvrant les écluses, un irrésistible courant se produisit ; il fallait, avec des instruments non encore réparés, remettre chaque chose à sa place, vider les réservoirs où la marchandise s'accumulait depuis plusieurs mois et remplir les magasins épuisés (1). »

La crise était inévitable. Elle éclata avec une tempête de colères contre les grandes Compagnies. D'elles venait tout le mal. Les récriminations des commerçants et des industriels furent exploitées par les intérêts qui, depuis plusieurs années, poursuivaient, avec une persévérance infatigable, le but de déposséder les réseaux existants du produit des voies à grand trafic, en laissant à leur charge les lignes improductives.

C'est ainsi que, louvoyant entre les grandes et les petites Compagnies, essayant, par une sorte de mouvement tournant, d'organiser des concurrences aux lignes les plus fructueuses, M. Philippart sollicita et obtint, ici et là, un certain nombre de concessions départementales dont

Sous-facteur

(1) Rapport de M. Cézanne au nom de la Commission d'enquête des chemins de fer (23 février 1875).

il se proposait d'unir les rails, tronçon par tronçon et bout à bout, afin de former de Calais à Marseille une ligne unique et homogène qui lui assurât des transports à longue distance.

Mais pour l'exécuter il avait besoin de capitaux considérables. Pour attirer l'épargne, nulle garantie. La première condition d'existence pour M. Philippart, le crédit, menaçait de lui faire défaut. S'emparer de ce crédit indispensable fut son objectif immédiat.

Lampiste

Peu à peu il s'assura le contrôle des grands établissements de crédit français, et associa leur fortune au hasard de ses combinaisons.

Les Compagnies s'émurent de procédés si contraires à l'esprit des conventions. Sur leurs réclamations, une Commission d'enquête parlementaire fut constituée et le Ministre des Travaux publics, s'appropria ses conclusions nettement défavorables à tout ce qui, de près ou de loin, pouvait concurrencer les anciens réseaux. En conséquence les décrets d'utilité publique furent refusés aux concessions d'intérêt local obtenues par M. Philippart, et, en quelques jours, les combinaisons financières qu'il avait si laborieusement échafaudées sombrèrent lamentablement : faillite de la banque Franco-Hollandaise (2 janvier 1877) ; faillite des bassins houillers du Hainaut (6 janvier) ; faillite personnelle de M. Philippart (13 janvier) ; faillite de la Compagnie de Lille à Valenciennes (1er février) ; faillite de la Compagnie d'Orléans à Rouen (22 mars) ; faillite des Chemins de la Vendée (22 juin).

Conducteur d'omnibus

Ainsi finit ce roman d'aventures financières.

Cependant le rapport de la Commission d'enquête avait déterminé la rédaction de contrats nouveaux mettant à la charge des grandes Compagnies l'établissement des lignes que le Gouvernement considérait comme d'intérêt général. Il manquait à ces contrats la sanction parlementaire. M. Caillaux, ministre des Travaux publics, avait, dès le 5 août 1874, déposé un projet de loi remaniant les conventions constitutives du régime, et concédant au P.-L.-M. vingt lignes d'une longueur de 855 kilomètres dont les principales étaient celle de la rive droite du Rhône, les embranchements de Dijon à Saint-Amour, de Saint-André-le-Gaz à

Employé-enregistrant

Chambéry, de Cercy-la-Tour à Gilly et de Paray-le-Monial à Roanne, les lignes d'Avallon à Autun, de Gap à Briançon, etc...

La loi fut votée le 3 juillet 1875. Les actionnaires, réunis le 4 décembre suivant sous la présidence de M. Vuitry, approuvèrent à leur tour.

Un dernier obstacle entravait le développement normal de la Compagnie : la création des chemins de fer des Dombes et du Sud-Est au centre même des régions desservies par le P.-L.-M. constituait pour lui une menace permanente. Talabot, par traité du 26 juillet 1881, incorpora leurs 428 kilomètres.

Ce fut là le dernier acte du puissant travailleur qui avait posé le premier jalon de la Compagnie, qui avait eu le sens net des destinées de la voie ferrée de Paris à Marseille et avait opéré la fusion des réseaux qui la composaient.

Facteur-chef

Après quarante ans d'un long et incessant labeur, et bien que son esprit eût gardé toute sa lucidité, Talabot avait besoin de repos. Sa vue qui, graduellement, s'était obscurcie avait fini par disparaître tout à fait. Aveugle, il avait résisté encore, suivant de la main, pour guider ses pas, la corde qu'il avait fait tendre autour de son cabinet de travail. Il s'était

M. Vuitry

comme replié en lui-même « demandant à sa mémoire toujours fidèle et à l'intuition de son esprit de suppléer à ce qu'il ne pouvait plus directement percevoir.

« La mort d'un ancien et intime ami, Didion, fut pour lui un sujet de vive affliction. La même année (1882), sentant ses forces s'affaiblir, il prit définitivement sa retraite. Conformément à son désir, il eut pour successeur celui de ses collaborateurs qu'il avait lui-même désigné au choix du Conseil d'Administration, M. Noblemaire, ingénieur en chef des Mines, depuis quatre ans déjà directeur de l'Exploitation. Talabot accepta le titre de Directeur Général honoraire qu'on lui offrait avec un respectueux empressement et, pendant les trois ans et demi qui s'écoulèrent entre sa démission et sa mort, il ne cessa de suivre avec un intérêt paternel les affaires de la Compagnie et donna encore des avis salutaires (1). »

Surveillant de nuit

Paulin Talabot s'éteignit le 21 mars 1885 dans sa quatre-vingt-sixième année. « Son nom vivra, vénéré, dans la Compagnie de Paris à Lyon et à la Méditerranée, aussi longtemps qu'on y saura apprécier les services rendus et qu'on y conservera le culte de l'honneur, du devoir et du travail (2). »

(1) Baron Ernouf : *Paulin Talabot, sa vie et son œuvre.*
(2) G. Noblemaire : *Obsèques de M. Paulin Talabot.*

Vous cherchez votre malle, Monsieur, elle est là... et le carton à chapeau
de Madame aussi.

— Conducteur !... Conducteur ! — Arretez au nom du ciel j'ai la colique !
— Impossible... l'administration le défend !... mais dans deux heures un quart nous
serons à Orléans !

(d'après DAUMIER).   (B. N. Cabinet des Estampes).

M. Noblemaire

IX

LE PLAN FREYCINET
ET LES CONVENTIONS DE 1883

M. Noblemaire, disciple et continuateur de Talabot, qui de 1866 à 1869, avait été directeur de la Compagnie du Nord de l'Espagne, et était entré en 1869 au service de la Compagnie P.-L.-M. pour organiser l'exploitation de ses lignes algériennes, dirigea la Compagnie dans la seconde étape de sa vie sociale, de 1881 à 1907.

Son nom restera attaché, avec ceux des présidents Mallet, Caillaux (1) et Cornelis de Witt, à deux œuvres économiques

---

(1) M. Caillaux, ancien élève de l'École Polytechnique, ingénieur des Ponts et Chaussées, ingénieur de la Construction aux Chemins de fer de l'Ouest en 1862, représentant de la Sarthe à l'Assemblée Nationale ; successivement ministre des Travaux publics, ministre des Finances, sénateur, entra, lorsque la politique lui rendit sa liberté, au Conseil d'Administration de la Compagnie P.-L.-M. Vice-Président en 1878, Président en 1892, « doué du jugement le plus sain dans ses appréciations, armé de la persistance nécessaire pour en conduire l'exécution à bonne fin », il contribua puissamment à l'amélioration de la situation financière de la Compagnie. Il mourut en 1896.

M. Tirman, ancien gouverneur général de l'Algérie, lui succéda à la présidence du Conseil.

M. Charles Mallet

de portée considérable dans l'industrie française : la réforme des tarifs, jusque-là singulièrement compliqués, sur des bases plus simples et plus claires, successivement adoptées par toutes les grandes Compagnies, et la négociation des conventions de 1883, qui donnèrent au pays 10.000 kilomètres de voies nouvelles sans que ces dépenses considérables aient affecté le crédit de l'État.

Sous l'inspiration de Gambetta, qui jugeait, non sans raison, que l'exécution de grands travaux de chemins de fer, de ports et de canaux, était l'un des plus puissants moyens de consolider la République, le plan Freycinet vit le jour le 4 juin 1878.

A cette date même, son auteur interrogeait le P.-L.-M. sur le moyen de construire les 3.000 kilomètres de voies prévues à l'intérieur de son réseau : « Il faut, disait-il à Talabot, que la Compagnie les absorbe. Dans quelles conditions? Comment pouvons nous faire? »

Talabot élabora une convention.

Fort hésitant, M. de Freycinet décida de demander à la Chambre une orientation dont il n'osait prendre lui-même l'initiative : « Sous un Gouvernement démocratique comme le nôtre, — disait-il, le 29 mars 1879, — le Gouvernement ne doit pas s'isoler des Chambres, et, lorsqu'il cherche à réaliser de grandes conceptions

M. Caillaux

dans l'intérêt et pour le bien du pays, c est au Parlement qu'il doit s'adresser tout d'abord pour partager avec lui l'honneur et la responsabilité de l'entreprise.»

Mais, pas plus que M. de Freycinet, le Parlement ne se souciait de prendre une telle responsabilité. On classa bien 8.700 kilomètres de chemins de fer, mais on se garda de résoudre la question de l'exploitation, et, comme la

M Tirman

situation financière apparaissait brillante, on laissa au Trésor la charge des dépenses de construction.

Le projet avait été assurément préparé avec soin. Le Ministère mit à l'exécuter une hâte excessive. Les Ingénieurs des Ponts et Chaussées ne suffisant pas à la tâche, on créa un corps d'Ingénieurs auxiliaires. Les travaux furent amorcés de tous les côtés à la fois ; « on finissait peu de lignes heureusement, parce qu'on ne savait comment les exploiter ; celles qui s'achevaient , on les donnait par traités d'exploitation aux Compagnies dans le réseau desquelles elles étaient situées. On qualifiait cette façon de procéder « d'expédients provisoires » ; mais cela ne

Arrivée du cercueil de l'amiral Courbet à la gare de Lyon, 27 août 1885 (Coll. de l Illustration)

résolvait pas la question de principe (1) ».

(1) Enquête sur la préparation des conventions de 1883. Audition de M. Noblemaire (16 février 1895).

M. Varroy succéda à M. de Freycinet au ministère des Travaux publics ; puis vint M. Sadi-Carnot. On discuta, on causa, on examina, on piétina sur place, et, le 14 novembre 1880, à la chute du ministère dans lequel M. Carnot était ministre des Travaux publics, la situation était exactement la même qu'en 1878.

Garde-barrière

Le Grand Ministère vécut du 14 novembre 1881 au 30 janvier 1882. Il passait pour nourrir des sentiments fort belliqueux à l'endroit des Compagnies, des idées de rachat et d'exploitation par l'État. Il ne fit rien.

Tour à tour MM. Raynal, Varroy, Léon Say, au cours de longues conférences avec MM. Charles Mallet, président du Conseil d'Administration (1) et Noblemaire cherchèrent une formule susceptible de permettre à la Compagnie de prendre en charge l'exécution et l'exploitation de la plus grande partie des lignes du plan Freycinet comprises dans son réseau. On ne put trouver un terrain d'entente.

Mécanicien

La situation devenait critique. Le krach de l'Union Générale avait déterminé une crise qui avait atteint le crédit public lui-même. Il fallait aboutir. Jules Ferry, devenu Président du Conseil, fit connaître aux Chambres la ferme intention du Gouvernement de traiter avec les grandes Compagnies

(1) M. Charles Mallet, à la fois petit-fils d'Oberkampf et du grand financier qui siégea au premier conseil de la Banque de France, était né en 1815. « Il s'appropria les vertus de cette haute bourgeoisie qui fut l'heureuse et probe auxiliaire de la fortune publique après la Révolution et, fidèle à ses origines, il attacha son nom aux grandes affaires de l'époque. C'est ainsi qu'en 1852 il prit part à la fondation de la Compagnie de Paris à Lyon ; en 1857, il entra dans le premier Conseil de la Compagnie P.-L.-M., devint vice-président en 1872 et président en 1878. Sous ses auspices furent présidées et conclues les conventions de 1883 et chacun sait avec quelle hauteur de vue il défendit les légitimes intérêts de la Compagnie en ces négociations difficiles. »

(Procès-verbal du Conseil d'Administration de la Compagnie P.-L.-M., 25 avril 1902)

Sous-chef de gare

sur des bases équitables de nature à assurer l'exécution des grands travaux entrepris, sans charges excessives pour le budget. De leur côté les Compagnies désiraient mettre fin à l'hostilité qu'elles rencontraient depuis longtemps dans le Parlement, et reconstituer l'homogénéité de leur réseau compromis par l'exécution des lignes nouvelles qui ne leur étaient pas concédées.

La Compagnie P.-L.-M. fut la première appelée par M. Raynal, Ministre des Travaux publics, à discuter avec le Gouvernement. C'était un honneur qui avait ses périls, car elle sentait bien que la convention qu'elle conclurait servirait de base aux conventions qui seraient ensuite proposées aux autres Compagnies. Celles-ci avaient toutes admis, en 1859, les principes posés par Talabot de la division en deux réseaux des lignes concédées et de la garantie d'intérêts accordée au nouveau réseau sur lequel venaient se déverser les excédents de produit net de l'ancien réseau. C'est à son successeur qu'il appartint de modifier et de simplifier ces dispositions en les appliquant par une charte nouvelle, aux besoins nouveaux.

Les pourparlers entamés le 25 mars avec M. Noblemaire furent longs et laborieux. Ils aboutirent le 26 mai à la signature d'une convention provisoire aux termes de laquelle le capital nécessaire à la construction des nouvelles lignes devait être en partie fourni par la Compagnie (25.000 francs par kilomètre, plus le matériel roulant), et le reste avancé par elle et remboursé en annuités par l'État. La division entre l'ancien réseau et le nouveau disparaissait; les résultats des lignes récemment ouvertes étaient portés, pendant un temps déterminé, au compte de premier établissement. Ainsi l'État, pour ne pas affaiblir son crédit par des émissions répétées, faisait emprunter direc-

Sous-Inspecteur

Conducteur d'arrière

tement par la Compagnie. Il obtenait, en même temps, que les plus-values des lignes anciennement concédées fussent intégralement appliquées à atténuer l'insuffisance du réseau de 1883. Le montant du capital garanti n'était pas modifié ; le dividende réservé était fixé à 55 francs. Il était stipulé que si le produit net de l'ensemble des lignes exploitées, déduction faite des charges d'intérêts et d'amortissement, était négatif, l'État avancerait la différence jusqu'à concurrence des charges du maximum garanti du nouveau réseau (environ 30 milions). Si, au contraire il y avait un excédent, il devait être d'abord versé à l'État en atténuation de sa créance du chef de la garantie d'intérêts, et ensuite attribué aux actionnaires à concurrence de 75 francs par action. Le surplus devait être partagé à raison de deux tiers pour l'État, et d'un tiers pour la Compagnie.

A une situation incertaine et troublée, insuffisamment protégée par les précédents traités, constamment battue en brèche par l'impatience des uns et l'ambition des autres, la convention proposée substituait, comme gage d'une transaction entre deux grands intérêts opposés qu'il fallait arriver à concilier, une ère de paix durable et féconde et la solution définitive, — autant que les choses humaines peuvent être définitives, — d'un problème dont l'existence constituait à la fois un grand embarras pour le Gouvernemeut et une menace pour la Compagnie.

Les conventions furent portées devant le Parlement le 11 juin. Ardemment combattues par M. Madier de Montjau qui voyait le peuple français livré sans défense à la « ploutocratie financière », par M. Allain-Targé, apôtre convaincu d'un État-Providence construisant à bon marché et exploitant à prix de revient, par M. Camille Pelletan, atteint

Chef de gare

déjà de la hantise du rachat; défendues avec talent par MM. Raynal, Rouvier et Léon Renault, elles furent votées à la Chambre en juillet, et au Sénat en novembre de la même année.

Restait l'adhésion des actionnaires. Le Conseil les convoqua le 24 décembre 1883. L'Assemblée fut on ne peut plus houleuse. « Les actionnaires, surchauffés depuis un mois par une campagne à la baisse menée par plusieurs journaux, étaient surexcités à l'As-

Surveillant-chef

semblée par une vieille actrice Mlle O..., que diverses circonstances et un louable esprit d'économie avaient faite actionnaire importante de la Compagnie de Lyon, et qui menait le branle dans la salle (1). »

Le discours de M. Mallet, les explications de M. Noblemaire se heurtaient à une opposition systématique. On demanda le scrutin public. M. Blount, vice-président, debout devant l'urne suivait avec un flegme tout britannique le défilé des actionnaires.

Quant vint son tour de voter, Mlle O... fit face à l'administrateur et du poing martelant la table : « Je dis non, Monsieur, je dis non ! » Alors M. Blount, de sa voix forte dont

Aiguilleur

le terrible accent anglais faisait un sort à chaque mot : « Oh ! Mademoiselle, vous qui avez si souvent dit : Oui... »

290 actionnaires représentant 1.427 voix contre 92 actionnaires représentant 222 voix approuvèrent les « conventions scélérates ».

A partir de 1883, le trafic de la Compagnie subit les fluctuations dues aux crises économiques qui affectent, à intervalles plus ou moins réguliers, toutes les industries dans tous les pays. La dépression la plus marquée suivit

(1) Enquête sur la préparation des Conventions de 1883. Audition de M. Noblemaire (16 février 1895).

Conducteur-chef

les années brillantes de 1880, 1881, 1882 et 1883 et la Compagnie fut obligée, malgré ses efforts pour comprimer les dépenses, de faire appel pour la première fois à la garantie. De 1883 à 1896 tous les exercices se soldèrent en déficit, à l'exception de celui de 1889. De ce chef, la Compagnie contracta envers l'État une dette en principal et intérêts de 150 millions. Mais, en 1897, elle s'en libéra par l'abandon d'une somme de 6 millions sur chacune des annuités qu'elle avait à recevoir en exécution de la convention de 1883. En 1906 elle arriva au partage avec l'État.

Paris. Départ du général Boulanger
à la gare de Lyon.
Le général montant sur la locomotive
qui va le conduire à Villeneuve St-Georges

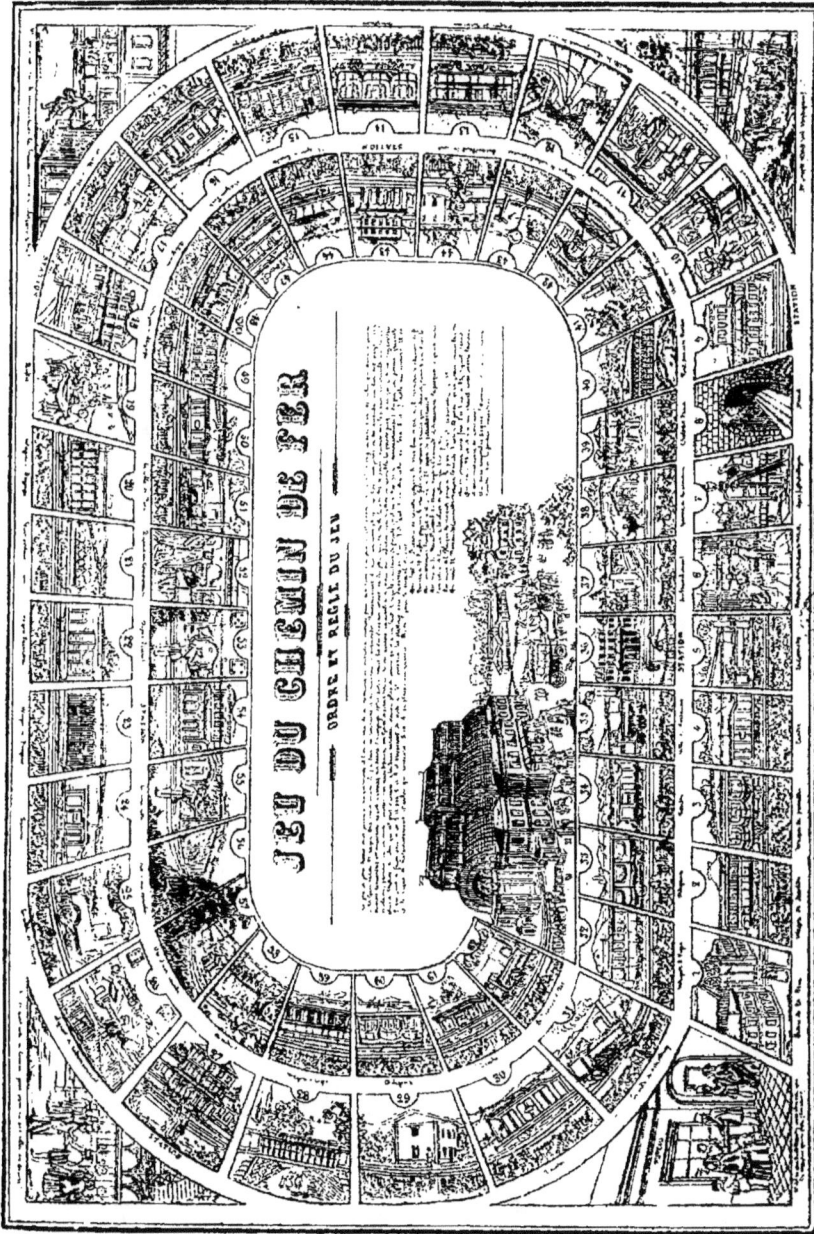

JEU DU CHEMIN DE FER

ORDRE ET REGLE DU JEU

Machine Type 6101 avec son tender

X

MATERIEL D'HIER ET D'AUJOURD'HUI

*J'aime le chemin de fer parce
qu'il nous apporte la forêt, les chan-
sons, les courses joyeuses, l'air, le ciel
et le printemps.*

Jules JANIN, 1837.

Le *Mercure Ségusien*, journal stéphanois, rapporte dans son numéro du 20 septembre 1835, que l'Académie de Lyon, désireuse de concilier la sécurité des voyages avec les avantages de la locomotion mécanique, réclamait des inventeurs un chemin de fer confortable dans lequel on pût s'embarquer sans avoir au préalable à faire son testament.

La demande était justifiée.

Beaunier, les Seguin, promoteurs des voies ferrées dans notre pays, n'avaient prévu que le transport de la houille ; le matériel comportait cette seule utilisation et les voyageurs, clients de hasard qui, tout au début du Saint-Etienne à Lyon, employèrent les tombereaux vides pour effectuer le trajet, firent pour l'époque une action héroïque. « Ce qui est surprenant, écrivait Marc Seguin en 1839, c'est l'audacieuse témérité des premiers qui se sont confiés à ces terribles moteurs.

Locomotive 1844

Voiture 1840

Mais l'influence de l'exemple est miraculeuse ; ce qu'un homme isolé n'osait faire, dix simultanément le tentèrent.

Chaque voiture renfermait un certain nombre de voyageurs qui se donnaient mutuellement du courage, et ils oubliaient que le moindre dérangement de ces puissantes machines serait pour tous le signal d'une mort terrible et inévitable. »

Si encore il n'y avait eu que l'accident à redouter ! Mais savants et médecins mettaient un point d'honneur professionnel à énumérer et à décrire tous les maux qu'ils conjecturaient devoir sortir de cette redoutable invention.

Arago évoquait le spectre de la pleurésie qui, certainement, frapperait les voyageurs au passage des tunnels s'ils échappaient aux catastrophes résultant de l'explosion des locomotives. Certains docteurs (1) soutenaient que la translation trop rapide d'un climat à un autre produirait sur les voies respiratoires un effet mortel « en même temps que le brusque changement de nourriture, le passage de l'emploi du beurre, comme condiment, à celui de la graisse ou de l'huile, ferait naître des états dyspepsiques ou dysentériques qui exigeraient un prompt rapatriement. Le mouvement de trépidation devait générer des maladies nerveuses, telles que la danse de Saint-Guy, des affections hystériques et des symptômes épileptiques, tandis que la fugace succession des images déterminerait instantanément des inflammations de la rétine. La poussière

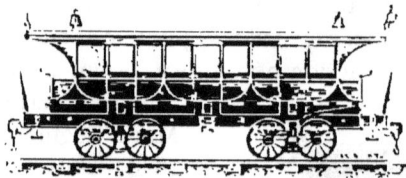
Voiture 1840

(1) P. C. Laurent de Villedeuil : *Bibliographie des Chemins de fer.*

et la fumée occasionneraient des bronchites et des adhérences de la plèvre. Il était également impossible que, sur tant de personnes réunies, il n'y en eût pas de prises de besoins naturels impossibles à sa-

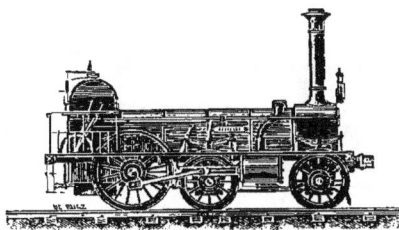

Locomotive 1846

tisfaire, de sorte que les organes d'extraction, devenus de conservation, subiraient une tension anormale, douloureuse et périlleuse. Il y eut même des augures plus perspicaces encore qui prétendaient que l'anxiété causée par la crainte de manquer le train et les mouvements pressés que l'on ferait pour se hâter, produiraient des congestions, susciteraient des trans-

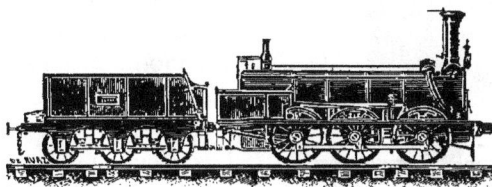

Locomotive 1852

pirations abondantes et aboutiraient à des refroidissements et à des pleurésies. Enfin l'anxiété du péril constamment couru

tiendrait les voyageurs dans une perpétuelle alerte et serait, à un certain degré d'intensité, le prodrome d'affections cérébrales. Les gynécologues, qui alors s'intitulaient simplement accoucheurs, déclaraient que, pour une femme enceinte, tout voyage en chemin de fer aurait infailliblement pour corollaire une fausse-couche avec toutes ses conséquences puerpérales. Les employés devaient courir, comme de juste, les mêmes dangers que les voyageurs, avec cette aggravation que, les causes étant réité-

Locomotive 1860

1re classe

2e classe

3e classe
Voitures 1855

rées, persistantes, permanentes même, leurs effets enfanteraient des dégénérescences morbides spéciales, d'une telle transcendance que ces employés seraient fréquemment à l'hôpital et n'auraient qu'une existence très abrégée. »

Fort heureusement les hommes de la génération de 1830 étaient courageux ! Ils passèrent outre et s'en trouvèrent bien. L'imagerie populaire avait fait d'ailleurs au nouveau mode de locomotion la plus utile des réclames.

Les feuilles de la fabrique de Pellerin, imprimeur - éditeur à Épinal, violemment coloriées, répandues à profusion, célébraient le chemin de fer et plaisantaient la diligence :

Vive le ch'min de fer !
C'est un éclair.
Voyagez fillettes gentilles
Répétez gaiement en chemin
C'est beau, c'est charmant. c'est divin !
. . . .
A l'envi prenant leur vacances,
De leur métier tant soit peu las,
Tous les chevaux des diligences
Vont désormais croiser les bras.
Vivent les chemins de fer !

O merveille sans pareille
Comme l'éclair, on fend l'air;
Vivent les chemins de fer!

Le succès s'accentua très vite. Un dialogue récité à la séance publique de la Société d'encouragement pour les lettres et les arts, le 24 novembre 1837, à l'Hôtel-de-Ville de Paris, témoigne de l'engouement public :

Voyez de quelle ardeur, dirai-je, quelle ivresse?
Au bureau du voyage, on se pousse, on se presse!
On assiège la porte, elle s'ouvre trop tard,
On voudrait avancer le moment du départ,
Enfin, billet en main, d'un pas leste, on s'élance,
On prend place aux wagons, l'œil brillant d'espérance,
Déjà l'onde à regret, remplissant son destin,
Se courrouce et mugit dans sa prison d'airain,
A ce courroux bruyant qui s'exhale en fumée,
La machine va prendre une allure animée.
Au son du cor on part, au gré de la vapeur
On glisse dans les airs et personne n'a peur...

A cette époque, le voyage en chemin de fer constituait un sport de premier ordre : « Notre voyage, écrit un contemporain, se fit par le chemin de fer de Lyon à Saint-Etienne qu'avaient établi les frères Seguin. Il y avait là tous les moyens de locomotion réunis : on allait tantôt en locomotive, tantôt avec des chevaux, plus loin on était remorqué par des cordages jusqu'au sommet d'une montée d'où l'on redescendait de l'autre côté en montagne russe. C'était très pittoresque, mais assez lent, et beaucoup mieux fait

Machine grande vitesse 1870

Machine petite vitesse 1870

Machine grande vitesse 1879

pour le transport des marchandises que pour celui des voyageurs. » Les progrès de la mécanique ont modifié tout cela.

L'affluence des voyageurs détermina bientôt l'abandon des tombereaux vides. Les nouveaux véhicules mis à la disposition du public ne brillaient pas encore par le confortable ; mais comparés aux diligences ils se faisaient accepter sans trop de plaintes et de réclamations.

Les troisièmes ressemblaient assez aux fourgons de ballast d'aujourd'hui. Leurs occupants, assis tant bien que mal sur des bancs de bois nu à ciel ouvert, devaient ouvrir leurs parapluies pour se garantir de l'eau, des escarbilles et des flammèches.

Une caricature du temps représente les administrateurs, installés sur la locomotive

Machine petite vitesse 1880

avec des soufflets et des pompes, afin d'inonder et de geler les malheureux voyageurs de troisième pour les décider à prendre des places couvertes, coupés ou diligences, boîtes hermétiques dans lesquelles on étouffait emprisonné.

Machine petite vitesse 1892

Les plus fortunés voyageaient dans leur chaise de poste chargée sur un wagon plat.

La fermeture en cours de route était une mesure de prudence imposée par le Ministre des Travaux publics, l'administration redoutant l'extrême nervosité des voyageurs qui, pris de terreur au démarrage du train, au sifflement de la locomotive ou au passage d'un tunnel, et ne se rendant pas compte du danger, auraient pu

Machine pour ligne accidentée 1898

sauter de la voiture en marche et se précipiter sur la voie La terrible catastrophe de Bellevue, dans laquelle périt l'amiral Dumont d'Urville, détermina seule en 1842 la suppression de cette détestable pratique.

Au moment de la fusion les premiers tâtonnements des constructeurs avaient cessé.

Machine grande vitesse 1900

Un livret-guide de 1856 (1) fait un juste éloge du matériel alors en usage sur la Compagnie de Lyon à la Méditerranée : « Les voitures des trois classes sont on ne peut plus convenables. Le mode de chauffage adopté pour l'hiver dans celles de la première classe est le seul excellent qui ait été jusqu'ici pratiqué. Au lieu de tubes métalliques en usage dans les chemins de fer de Paris à Lyon et de l'Est, qui donnent peu de chaleur, roulent sous les pieds et sont pour eux un embarras permanent puisqu'ils ne peuvent être embrassés qu'incomplètement, nous avons ici des chauffoirs-plans, immobiles, recouverts d'un tapis. Le pied du voyageur s'interpose entre cette surface échauffée

Machine mixte 1900

(1) *Parcours général de la Méditerranée*, par J. Bard. Lyon 1856.

Voiture 1900

et un second tapis fourré et la plus douce température se maintient sans la moindre déperdition de calorique. Les voitures de troisième classe elles-mêmes sont fermées à glace. Chaque train a son chef, sa vigie de fourgon de tête et sa vigie de queue, son garde-frein graisseur, un ou deux conducteurs, son mécanicien et son chauffeur. L'appel ĵdes voyageurs, pour leur introduction des salles d'attente dans les voitures, commence par la troisième classe et finit par la première. »

Le cahier des charges de 1857 définissait le degré minimum de confortable auquel chaque classe pouvait prétendre. Toutes les voitures devaient être couvertes et fermées à glaces

Voiture 1re classe 1906

ou à vitres ; les premières étaient garnies, les deuxièmes simplement rembourrées, les troisièmes n'offraient que des banquettes nues. Aucune d'elles ne comportait de W.-C. et l'on considéra, pendant quelques années, comme un grand

Voiture-touriste 1906

perfectionnement, d'installer dans le fourgon de tête un petit local où le patient, entré au premier arrêt, devait demeurer jusqu'à la station suivante.

Dans la suite, ce matériel type évolua comme on a vu, depuis dix ans, évoluer les automobiles. Mais les plus utiles perfectionnements sont postérieurs à 1883. La signa-

Machine petite vitesse 1908

ture des conventions permit, en effet, aux dirigeants de la Compagnie de donner, dans leurs travaux, la première place aux questions d'exploitation et notamment à l'amélioration du matériel roulant.

Tout d'abord le chauffage est appliqué aux voitures de toute classe ; les voitures s'allongent pour devenir plus stables aux grandes vitesses ; les essieux extrêmes s'écartent ; les ressorts sont plus longs, plus flexibles ; les organes de traction et de choc sont perfectionnés en vue d'améliorer le démarrage et le roulement ; la distribution intérieure et la carrosserie sont plus soignées, afin de procurer aux voyageurs plus d'espace et plus de confort.

Avec les longs parcours sans arrêt, les voitures deviennent spacieuses et bien aménagées. On prélève sur leur surface l'emplacement d'un cabinet de toilette W.-C. et d'un couloir. La Compagnie P.-L.-M. a été la première, en France, à mettre en service des trains de première et deuxième classe à intercirculation complète.

Puis est venu le système des boggies, autrefois abandonné, après essai, sur la ligne de St-Étienne à Lyon et réimporté d'Amérique voilà quelque trente ans, avec d'autres perfectionnements utiles, par la Compagnie des Wagons-Lits.

De perfectionnement en perfectionnement, le véhicule mesquin du début est devenu une luxueuse maison roulante, répondant aux multiples exigences du bien-être moderne :

Machine pour la banlieue de Paris 1908.

Intérieur de voiture.

fauteuils-lits, lits-salons, lits-complets, sleeping-cars, voitures-restaurants.

Le chauffage à la vapeur a remplacé la bouillotte; l'éclairage à incandescence au gaz riche a détrôné le bec à huile; le rail d'acier a été substitué au rail de fer; le block-system a permis une circulation plus intense et a diminué en même temps les causes d'accident.

Le matériel à marchandises a suivi, toute proportion gardée, une évolution pareille à celle des voitures. Les petits tombereaux ou fourgons à châssis en bois, de trois à quatre tonnes de capacité, ont fait place à des wagons à châssis en fer, parfois à caisse métallique, pouvant porter de dix à trente tonnes. La Compagnie a établi des véhicules spéciaux pour certains genres de trafic : fourgons pour le transport des bagages sous plomb de douane, fourgons à intercirculation pour faciliter le triage des colis dans les trains de messageries, wagons à primeurs, wagons pour les longs bois et les rails, wagons à deux étages pour le lait, wagons couverts et fermés pour les automobiles.

A la machine Seguin, qui remorquait dix-neuf tonnes à la vitesse de deux mètres par seconde; à la machine Crampton, qui pouvait fournir 120 kilomètres à l'heure (1), a succédé le type « Pacific », qui traîne les deux cent soixante tonnes du « Côte d'Azur Rapide » en dix heures vingt-sept jusqu'à Marseille, en moins de quatorze heures jusqu'à Nice.

Parallèlement, stimulée par l'abaissement des tarifs, par

(1) L'Empereur Napoléon III était revenu de Marseille en 1855, dans un train remorqué par une machine de ce type, à la vitesse de 100 kilomètres à l'heure, train composé, il est vrai, de deux wagons de sept tonnes seulement. C'est aussi une machine Crampton qui remorquait, vers 1860, la malle des Indes de Paris à Marseille.

les facilités données par le chemin de fer à l'importation des matières premières et à l'exportation des produits fabriqués, une industrie s'est créée sur le réseau, prodigieusement active · et diverse : la soierie à Lyon, la rubanerie et l'extraction de la houille à Saint-Étienne, les lainages à Roanne, la métallurgie au Creusot, la dentelle au Puy, la ganterie à Grenoble, etc.

Intérieur de voiture.

En même temps, la culture se développait sur les rives de la Seine et du Rhône, les vignobles enrichissaient le bassin de la Saône ; enfin, le transport des fleurs, des fruits, des légumes et de la marée, qui n'existait, il y a cinquante ans, qu'à l'état de commerce de grand luxe, devenait une source de trafic considérable.

Les vaudevillistes E. Arago et M. Alhoy, dans une revue « composée à la mécanique avec des couplets faits à la vapeur » avaient, dès 1832, compris l'importance au point de vue gastronomique, de l'invention de la locomotive :

(Air de la Colonne)

Grâce à la nouvelle voiture,
Quand un convive sonnera
Pour commander une friture,
De l'Océan le poisson sortira :
En un quart d'heure à Paris il viendra.
Sans s'informer des trésors de la Halle,
Chacun se met à table, et le garçon
S'en va, pendant qu'on débouche un flacon,
Chercher des huîtres à Cancale (1) !

Les voyages autrefois n'étaient guère motivés que par des raisons de famille, de santé ou d'affaires. La création du

(1) Les Chemins de Fer. vaudeville-revue représenté pour la première fois sur le Théâre National du Vaudeville le 31 décembre 1832.

Club Alpin peu après la guerre, celle plus récente du Touring-Club et des Syndicats d'Initiative ont contribué grandement à éveiller chez une élite d'abord, puis dans la masse, le besoin des larges horizons et le goût du pittoresque dans la nature comme dans les vieilles cités.

Alphonse Karr, qui s'ennuyait « entre les talus de terre crayeuse du chemin de fer où on va, mais on ne voyage pas », n'a heureusement pas fait école.

Aujourd'hui la mer et la montagne attirent le touriste d'un bout de l'année à l'autre ; les sports d'hiver succèdent aux sports d'été ; caravanes et excursions se multiplient favorisées par des tarifs réduits, par des services de trains confortables et rapides.

Intérieur de voiture

DELVAMLEZ, GRAV., PARIS.

CINQUANTE
ANS
DU
P.L.M

128

LES

CINQUANTE ANS

DU

P. L. M.

M. S. DERVILLÉ
Président du Conseil d'Administration
de la Compagnie des Chemins de Fer
de Paris à Lyon et à la Méditerranée.

CINQUANTENAIRE DE LA COMPAGNIE DES CHEMINS DE FER DE PARIS À LYON ET À LA MÉDITERRANÉE

1857 - 1907

XI

LE CINQUANTENAIRE DE LA COMPAGNIE

19 JUIN 1907.

L E 19 juin 1907, la Compagnie P. L. M. fêtait le cinquantenaire du décret impérial qui approuva la fusion,
sous le nom de Chemins de fer de Paris à Lyon et à la
Méditerranée, des Compagnies de Chemins de fer de Paris à
Lyon et de Lyon à la Méditerranée.

La même année, à soixante-quinze ans, après trente-
huit ans de brillants services que le gouvernement sut recon-
naître en l'élevant à la dignité de grand croix de la Légion
d'Honneur, M. NOBLEMAIRE prenait sa retraite avec le titre de
directeur général honoraire. " Habile manieur d'hommes, il
avait imprimé, sans secousse, au puissant organisme de la Compagnie l'impulsion directrice. Infatigable au travail, sans cesse

en quête d'action et de progrès, il s'assimilait avec promptitude et jetait sur toutes questions sa merveilleuse clarté ; il excellait dans l'art de bien dire et il charmait toujours pour mieux convaincre[1] ".

Le Conseil, pour lui succéder, choisit M. MAURIS[2], ingénieur en chef des Ponts et Chaussées, officier de la Légion d'Honneur.

Aux côtés de M. MAURIS, les grands services de la Compagnie sont confiés à des hommes de haut savoir : MM. BERQUET et DESMUR, sous-directeurs ; — LUUYT, ingénieur en chef adjoint à la direction ; — MARGOT, ingénieur en chef de l'Exploitation ; — CHABAL, ingénieur en chef du Matériel et de la Traction ; — Louis ÉTIENNE, ingénieur en chef de la Voie ; — SEJOURNÉ, ingénieur en chef de la Construction, successeur de M. GEOFFROY qui fut sous-directeur de la Compagnie et dont le nom fait autorité en matière de construction de chemins de fer ; — DAY, directeur de l'Exploitation des Chemins Algériens ; — HELFENBEIN, chef du service de la Comptabilité générale et des Finances ; — COMMELIN, chef du Contentieux. Enfin M. HABERT et M. MASURE occupent, avec une bonne grâce et une bienveillance qui ne se démentent jamais, les délicates fonctions de secrétaire de la Compagnie et de secrétaire du Conseil.

Le Conseil d'Administration, qui assume la lourde responsabilité de la gestion de la Compagnie est présidé, depuis 1899, par M. Stéphane DERVILLE, ancien président du Tribunal de Commerce de la Seine, régent de la Banque de France.

---

1. Rapport du Conseil d'Administration de la Compagnie P. L. M. (26 avril 1907).

2. " Nous avons nommé directeur M. Mauris, celui que depuis dix ans préparait M. Noblemaire dans la plus active collaboration. Notre personnel trouvera chez lui le même attachement et la même justice ; notre clientèle, le même souci de connaître ses besoins et de les bien desservir ; nos actionnaires, une égale préoccupation de solidariser leurs intérêts et ceux de la chose publique. Nous ne pouvions choisir un esprit plus élevé et mieux pénétré des nécessités de l'heure présente. " (*Rapport du Conseil d'Administration à l'Assemblée générale du 26 avril 1907.*)

Le Conseil d'Administration
DE LA
COMPAGNIE P.L.M. EN 1907

Ceux qui, près de lui, siègent au Conseil, portent tous des noms justement honorés dans les diverses branches de l'activité nationale. C'étaient en 1907 : M. le baron DE NERVO, président du comité des Forges de France[1] ; et M. le baron HOTTINGUER, régent de la Banque de France, vice-présidents du Conseil ; MM. AYNARD, président de la Chambre syndicale des banquiers et de la Bourse de Lyon ; — BOIRE, administrateur délégué de la société de Bourdon ; — COFFINET, sous-directeur honoraire de la Compagnie, président honoraire de la Compagnie des Docks et Entrepôts de Marseille ; — DARCY, président du Comité central des houillères de France ; — DEJARDIN-VERKINDER, vice-président du Conseil d'Administration de la Société Générale pour favoriser le développement du commerce et de l'industrie en France ; — FÉRAUD, président honoraire de la Chambre de Commerce de Marseille, président du Conseil d'Administration de la Société Marseillaise de Crédit industriel et commercial et de Dépôts ; — le baron GIROD DE L'AIN, administrateur de la Compagnie des Docks et Entrepôts de Marseille ; — GOY, ancien président du Tribunal de Commerce de la Seine[2] ; HÉLY D'OISSEL, ancien inspecteur des finances, administrateur des manufactures de Saint-Gobain ; — KLÉBER, fabricant de papier à Rives[3] ; — LAUGEL, vice-président de la Société des mines de la Loire ; — LE VAVASSEUR DE PRÉCOURT, maître des requêtes honoraire, ancien commissaire du Gouvernement au Conseil d'État ; — LOREAU, manufacturier à Briare, régent de la

1. M. le baron de Nervo, décédé le 24 août 1909, a été remplacé à la vice-présidence par M. Coffinet et au Conseil par M. Denis Perouse, inspecteur général des Ponts et Chaussées en retraite, ancien directeur des chemins de fer au ministère des Travaux publics.

2. M. Goy, décédé le 17 mars 1907, a eu comme successeur M. G. Lefebvre, président de la Chambre de Commerce de Paris qui, décédé lui-même le 24 avril 1909 —, a été remplacé par M. Georges Noblemaire.

3. M. Kléber —, décédé le 23 mars 1907, a été remplacé par M. A. Mirabaud, de la Banque aujourd'hui " Mirabaud et Cie " qui, sous le nom de " B. Paccard, Dufour et Cie ", prit part, en 1852, à la fondation de la Compagnie de Paris à Lyon.

Mr MAURIS

Mr BERQUET   Mr GEOFFROY   Mr DESMUR

Mr MARGOT   Mr CHABAL   Mr ETIENNE   M^r DAY   Mr SEJOURNE

Mr LUUYT   Mr HELFENBEIN   Mr HABERT   Mr MASURE   Mr COMMELIN

Les Chefs des Grands Services
DE LA
COMPAGNIE P.L.M.

Banque de France ; — R. Mallet, banquier ; —
de Montgolfier, ancien président de la Chambre de Commerce de Saint-Étienne, administrateur délégué de la Compagnie des forges et aciéries de la Marine et d'Homécourt ; —
le baron de Neuflize, régent de la Banque de France ;
de Pellerin de Latouche, administrateur de la Banque de l'Algérie ; — le baron Gustave de Rothschild, banquier [1] ;
— le comte de Salvandy, ancien membre de l'Assemblée Nationale, administrateur de la Compagnie des Docks et Entrepôts de Marseille [2] ; — Schneider, maître de forges ;
Sohier, ancien président du Tribunal de Commerce de la Seine ; — et Trubert, ancien auditeur au Conseil d'État [3].

---

1. Le 16 janvier 1903, remettant à M. le baron G. de Rothschild une médaille frappée en commémoration du 50e anniversaire de son entrée au Conseil de la Compagnie, M. le président Derville s'exprimait en ces termes : " Monsieur le baron de Rothschild, il y a 51 ans qu'à pareil jour de janvier 1852, se tenait à 5 heures de l'après-midi, 17, rue Bergère, le premier Conseil d'Administration de la Compagnie du Chemin de fer de Paris à Lyon. Autour de la table se trouvaient réunis MM. Hottinguer, Baring, Dassier, Ch. Mallet, I. Pereire, Ernest André, Seillière, Schneider et vous-même, Monsieur le baron, qui aviez alors 23 ans. Il sied bien, en cet anniversaire, d'évoquer ici le souvenir de ces hauts précurseurs ; plusieurs d'entre eux se survivent dans notre Conseil... Monsieur le baron, seul, vous nous restez de cette brillante pléiade ; vos collègues de 1852 jouirent du printemps de votre carrière, c'était l'époque des lilas et des roses et voilà pourquoi nous avons la joie d'en connaître l'automne, la saison des épis d'or et des fruits mûrs. Durant ce demi-siècle, veillant à la bonne gestion de nos finances, vous avez donné à notre compagnie l'autorité de votre grand nom et, avec une assiduité qui ne se lassa jamais, cette connaissance d'un organisme dont vous avez vu mettre en place, un à un, tous les ressorts. Et nous tous, que charme votre affabilité et que persuade toujours votre expérience, nous fêtons avec bonheur aujourd'hui vos noces d'or en notre Conseil. "

2. M. de Salvandy, décédé le 30 mars 1908, a été remplacé par M. E. Widmann, ingénieur en chef du Génie maritime, président du Conseil d'Administration de la Société des forges et chantiers de la Méditerranée.

3. M. Trubert, décédé le 15 novembre 1909, a été remplacé par M. Florent Guillain, inspecteur général des Ponts et Chaussées en retraite, président du Comité des forges de France.

Une commission formée de cinq délégués des actionnaires est chargée depuis 1866 de vérifier les comptes présentés annuellement à l'Assemblée générale. Elle comprenait à la même époque MM. SALVA[1], BOURUET-AUBERTOT, LENTHÉRIC, le vicomte DE MATHAREL et J. NAUD.

---

1. M. Salva, décédé le 24 mars 1909, a été remplacé par M. de Çagarriga.

Administrateurs
DE LA COMPAGNIE P.L.M _ 1907-1910

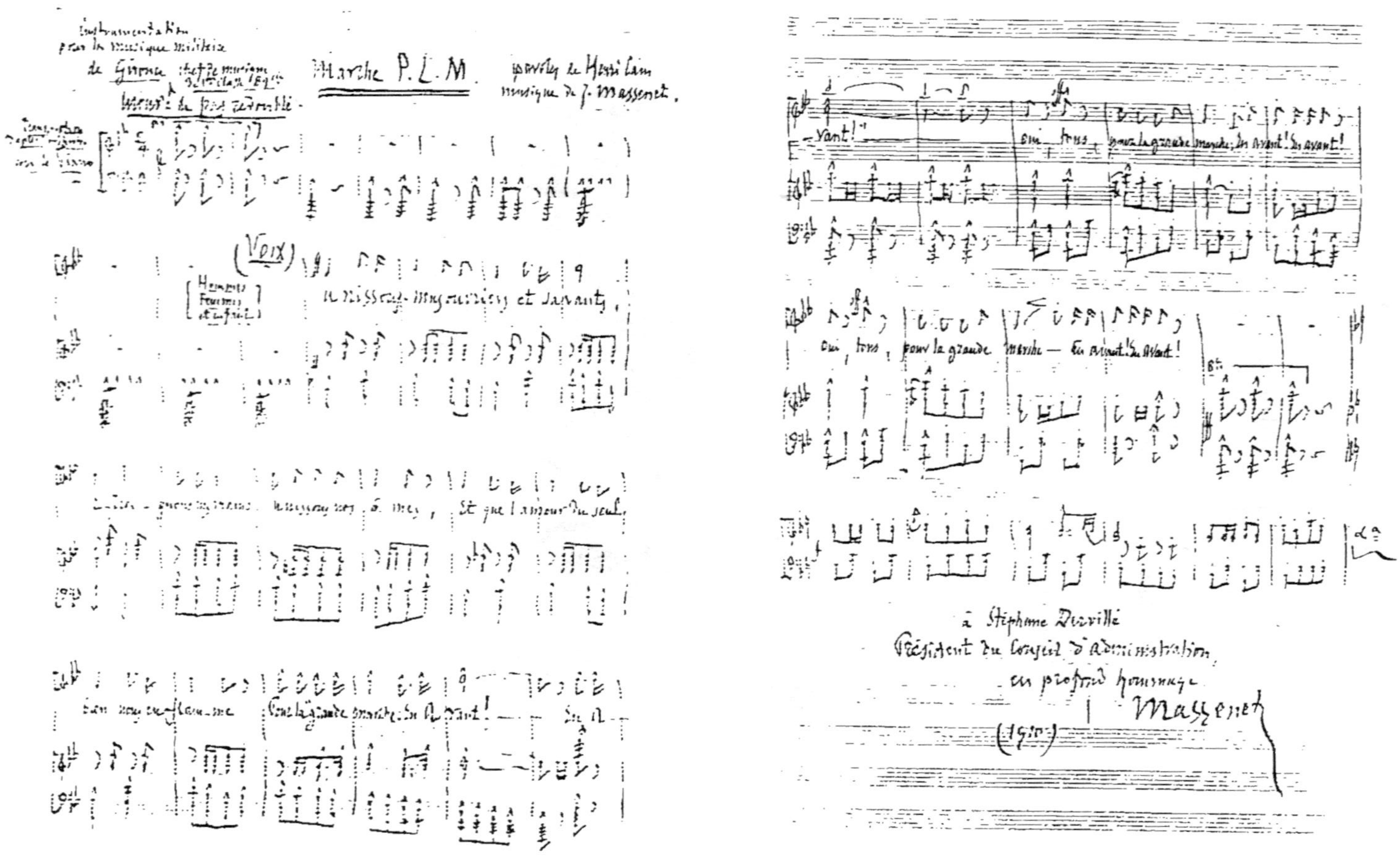
Marche P.L.M.
paroles de Henri Cain
musique de J. Massenet.
Voix
oui, tous, pour la grande marche — En avant! En avant!
à Stéphane Dervillé
Président du Conseil d'Administration,
en profond hommage
Massenet

LES BELLES AFFICHES DU P.-L.-M.

Théâtre d'Orange

—

Panneaux du
Buffet de la gare de Paris

Peintures
d'Albert Maignan

XII

LES RÉSULTATS

L A France, au moment de la fusion, était arrivée à une époque où l'initiative individuelle avait besoin, pour se développer, de faire appel à la solidarité des intérêts. Cette tendance s'était affirmée dans la fondation des grandes sociétés financières ; elle devait se manifester aussi dans l'industrie, et celle des transports ne pouvait y échapper.

D'autre part, les conditions de la vie sociale commençaient à se modifier depuis que la vapeur et l'électricité avaient apporté au travail les ressources de leur puissante énergie. Le commerce et l'industrie conquéraient, à côté de l'agriculture, le premier rang dans les préoccupations nationales. La conclusion imminente de traités de commerce, l'entente cordiale avec l'Angleterre, l'alliance avec l'Italie, en un mot la situation politique et économique autorisait les espérances les plus audacieuses.

En possession d'un outil de transport comme la ligne de Paris à Marseille, la Compagnie P. L. M. pressentait le rôle capital qu'elle aurait à jouer dans l'approvisionnement du pays. Elle avait rendu des services incalculables à la viticulture, en ouvrant aux vins du Midi les marchés de l'intérieur et de l'étranger. Quant à la houille, dont le transport est étroitement lié à l'établissement des premiers chemins de fer dans tous les pays, elle en transportait chaque année un tonnage important ; mais déjà nos houillères ne suffisaient plus à la consommation nationale et la Compagnie trouvait une nouvelle source de recettes

141

Dijon

dans l'importation des houilles anglaises dont, dès 1858, le port de Marseille avait reçu 84. 000 tonnes.

La vieille cité phocéenne avait vu sa population tripler depuis la fin des guerres du premier Empire ; le mouvement des affaires y avait pris un essor prodigieux ; le commerce, récemment doté du port de la Joliette, réclamait de nouveaux bassins pour ses flottes et des entrepôts pour leurs cargaisons. Ceux qui avaient la charge des destinées de la Compagnie connaissaient les besoins de Marseille et savaient que sa prospérité était intimement liée à celle du chemin de fer[1]. Or l'avenir souriait à Marseille. La conquête de l'Algérie lui avait livré les clefs de l'Afrique, la diplomatie allait lui ouvrir, par le canal de Suez, la route des Indes au moment même où se préparait l'expédition de Chine et l'acquisition de la première colonie française d'Extrême-Orient. Marseille devenait ainsi, chaque jour davantage, l'escale obligée des voyageurs et l'entrepôt

---

1. Paulin Talabot avait, en 1847, sur l'initiative d'Enfantin, élaboré un projet de communication de la Méditerranée avec la mer Rouge au moyen d'un canal partant d'Alexandrie. Plus tard, il prit une part prépondérante à l'établissement des Docks de Marseille, à la construction des premiers chemins de fer algériens, à la création des sociétés de Mokta-el-Hadid et des Transports Maritimes.

Grenoble

naturel du commerce de la Méditerranée et de l'Asie avec la
France[1].

Il y avait bien une ombre à ce tableau brillant : c'était la
perspective des charges afférentes aux lignes moins productives
incorporées par la fusion, ou faisant l'objet de concessions
nouvelles. Mais la Compagnie avait l'espoir que les lignes
pauvres bénéficieraient du crédit des lignes prospères et, en
retour, leur serviraient d'affluents.

A cet égard, les prévisions des fondateurs de la Compagnie ont été pleinement réalisées. Ce sont les excédents de

---

1. Il est difficile de dire dans quelle mesure Marseille a contribué à
la prospérité de la Compagnie. Mais si son rôle a été considérable, l'influence du chemin de fer sur le trafic maritime n'a pas été moindre. On
peut s'en rendre compte en voyant la rapidité avec laquelle, en même temps
que le chemin de fer, le port s'est développé.
Le tonnage (jauge nette) des navires entrés et sortis a été :

En 1858.. . .. .   3.090.000 tonnes.
En 1883.. .. . .   8.900.000 tonnes.
En 1908.. .. .. 17.766.000 tonnes.

Cette progression ne paraît pas devoir être arrêtée par la concurrence
de Gênes ; les deux ports rivaux s'accroissent pour ainsi dire parallèlement et
malgré le Gothard, malgré le Simplon, Marseille conserve toujours la supré-
matie ; le tonnage des navires à Gênes en 1908 n'a été que de 14.015.000.

recettes de l'ancien réseau et, en particulier, de la grande voie Paris-Marseille, qui ont permis la construction des lignes nouvelles, et cela sans compromettre les intérêts des actionnaires ni la fortune publique.

Mais la prospérité de cette artère maîtresse de la circulation n'a pas été sans causer quelque souci à ses dirigeants. En présence du développement rapide de son trafic, il a fallu songer, en vue de l'avenir, à créer des voies de détournement capables de lui venir en aide. La construction de plusieurs lignes concédées en 1875 et en 1883 a été inspirée par cette préoccupation. Mais seules les lignes de plaine, à très bon profil, telles que la rive droite du Rhône, Corbeil-Montereau, etc..., ont pu servir d'exutoire à la grande artère. Les autres, avec des pentes et des rampes accentuées, entraînent des frais de traction trop élevés ; et le trafic, détourné de leurs voies par économie, vient encore grossir celui de la ligne principale.

Aussi, faut-il se féliciter de ce que les ingénieurs qui, de 1840 à 1850, ont construit le chemin de fer de Paris à Lyon, n'aient pas cru devoir admettre des rampes de plus de 8 m/m. Si cette limite, qui n'existe d'ailleurs que dans la traversée de la chaîne de la Côte d'Or, avait été dépassée sensiblement, il aurait été impossible, malgré les progrès de la traction, d'atteindre les vitesses pratiquées aujourd'hui et, de plus, la capacité de transport du réseau en aurait été fort réduite.

Les tarifs sont un facteur si important de la prospérité du

Le Creusot

chemin de fer que leur fixation et leur prudent abaissement ont été, de tout temps, l'objet d'une sollicitude particulière de la part du Conseil d'Administration.

De 1855 à 1859, le tarif moyen de la tonne kilométrique perçu sur les lignes des Compagnies fusionnées avait baissé de 7 c. 9 à 6 c. 4. Les tarifs

Bourg-en-Bresse — Église de Brou.
Mausolée de Philibert le Beau.

spéciaux déjà en vigueur étaient différentiels et comportaient, pour les grandes distances, des bases moyennes très réduites. Ainsi les houilles de Saint-Etienne étaient taxées en 1859, 3 c. 5 sur Paris, les vins du Midi de 5 c. à 7 c., suivant la distance, etc.

Ces tarifs avaient provoqué au début quelques protestations de la part des entreprises de navigation sur le Rhône, mais ils étaient trop conformes à la logique et répondaient à des nécessités économiques trop évidentes pour ne pas être maintenus et développés, si bien que la convention de 1863 avec l'Etat stipula la création d'une 4ᵉ classe de marchandises avec un tarif général différentiel.

Indépendamment des barèmes à base décroissante, les tarifs de l'époque comprenaient des prix exceptionnels ou "prix fermes" pour les échanges entre des localités déterminées donnant lieu à un mouvement important. Quelque justifiés qu'ils fussent par les exigences du commerce, on reprocha à ces prix fermes, devenus de plus en plus nombreux, d'encombrer les tarifs et de créer des situations privilégiées. Pour répondre à ces critiques la Compagnie s'attacha tout d'abord, en 1877, à rendre plus clairs ses tarifs spéciaux en les classant par nature de marchandises ; puis, en 1883, elle supprima un grand nombre de prix fermes et créa six barèmes généraux et autant de barèmes spéciaux applicables aux diverses catégories de marchandises

Chaine du Mont-Blanc

sur tout le réseau. Ces deux réformes furent successivement adoptées par toutes les grandes Compagnies.

Depuis lors, des abaissements progressifs ont été consentis le plus souvent au moyen de barèmes spéciaux, par exemple sur les vins, les céréales, les houilles, les matériaux de construction etc...; de très nombreux tarifs communs à deux ou plusieurs réseaux, des tarifs internationaux avec les pays limitrophes, des tarifs communs avec les entreprises de navigation maritime ont été mis en vigueur. Il en résulte qu'en 1909 la taxe moyenne de la tonne kilométrique a été de 4 c. 288 offrant une réduction de 46 °/o par rapport à celle de 1855.

En ce qui concerne les voyageurs, la Compagnie s'en est tenue longtemps au tarif du cahier des charges et à des réductions sur les billets d'aller et retour délivrés pour un petit nombre de relations.

Dauphiné - Les Terrasses

146

Skieurs

Annecy. — Château de l'Isle

En 1892, à l'occasion de la suppression de l'impôt supplémentaire de 10 °/o créé après la guerre sur les transports de grande vitesse, la Compagnie, ainsi qu'elle s'y était engagée par la convention de 1883, réduisit sa perception de 10 °/o en 2ᵉ classe et de 20 °/o en 3ᵉ classe, et cette réduction, superposée au dégrèvement, provoqua une augmentation rapide du nombre des voyageurs. Elle a cherché par la suite à faciliter les déplacements en généralisant la délivrance des billets d'aller et retour, en créant des billets circulaires individuels et de famille dont les prix décroissent lorsque s'accroit le parcours ou le nombre des personnes voyageant ensemble.

Le tarif moyen kilométrique des voyageurs passant ainsi de 5 c. 8 en 1858 à 3 c. 9 en 1909 s'est abaissé de 32 °/o.

Parmi les éléments nouveaux de trafic dont bénéficie la Compagnie, il faut citer en première ligne l'attrait exercé par les stations du littoral méditerranéen, la prospérité continue des eaux minérales disséminées sur le réseau :

Cloître du Bourget

Vichy, Royat, Vals, Pougues, Châtel-Guyon, Bourbon-Lancy, Saint-Galmier, Evian. Aix, Brides-les-Bains, Orezza, etc..., la vogue chaque jour plus grande des

147

Avignon. — Pont Saint-Bénezet

sports d'hiver installés à
Chamonix, à Thorenc, au
Revard.

Le transport des fleurs
et des primeurs n'existait
autrefois qu'à l'état rudimentaire. Il a fallu les efforts simultanés
des cultivateurs et de tous les services de la Compagnie pour
organiser ces expéditions, par masses, à des conditions exceptionnelles de vitesse et de bon marché. La création des colis
postaux, la suppression de l'impôt de la grande vitesse sur les
denrées, les abaissements de tarifs, ont contribué à donner une
vigoureuse impulsion à cette nouvelle catégorie de transports.

Ainsi, en grande vitesse, la Compagnie a transporté :

Aix-les-Bains.
Abbaye de Hautecombe

En 1909 :
52. 700 t. de légumes frais.
En 1909 :
85. 200 t. de fruits frais.
En hiver 1908-1909 :
9. 929 t. de fleurs.

En même temps que
se développaient ces élément nouveaux de trafic,
des causes diverses avaient
sur les recettes une influence
défavorable. Certaines ont été
passagères comme le phyllo-

148

xera. De 1873 à 1877 le tonnage des vins en provenance des gares de la région du Languedoc avait baissé de 380.000 tonnes. Depuis la reconstitution des vignobles, il est remonté à son chiffre antérieur et depuis n'a cessé de s'accroître. En 1909 pour l'ensemble du réseau il a été de 2.781.000 tonnes contre 1.449.000 en 1874.

Saint-Nectaire. — Église romane

L'ouverture du Gothard, en 1882, a dépossédé le Mont-Cenis d'une partie du trafic de l'Europe du Nord sur l'Italie ; le Simplon, à son tour, ouvert depuis 1906, a emprunté les éléments de son trafic franco-italien en partie au Gothard, ce qui est avantageux pour la Compagnie P. L. M., et en partie au Mont-Cenis, ce qui réduit le parcours sur rails français. Les deux derniers grands tunnels alpins ont certainement favorisé Gênes au détriment de Marseille.

Dans le même ordre d'idées, l'ouverture, en 1887, de la ligne de Béziers à Neussargues a donné un débouché direct sur Paris aux vins du Languedoc et a fait perdre à la voie de

Thiers

149

Cette le bénéfice de l'itinéraire court. Il en est résulté, pour le P. L. M., une perte de recettes importante qui s'est aggravée en 1908 par l'ouverture de la ligne de Neussargues à Bort constituant entre Béziers et Paris un itinéraire plus court et n'empruntant que les voies du Midi et de l'Orléans. Comme ce dernier désavantage ne devait être que temporaire, des conventions ont été conclues avec ces deux Compagnies pour un partage équitable du trafic de la zone qui avait été successivement tributaire du P. L. M. et de l'Orléans.

Terminons par quelques chiffres sur l'importance du trafic :

Nimes.   Bains romains

Arènes

Le nombre des voyageurs qui était en 1858 de 7.962.000 est passé, en 1909, à 83.879.900 et leur produit de 29.446.000 francs à 162.812.600 francs. Pour l'ensemble des marchandises de grande vitesse, la recette a été de 38.441.500 francs, contre 7.192.000 francs en 1858.

Quant aux marchandises de petite vitesse, le nombre de tonnes transportées a décuplé : 3.260.000 tonnes en 1858, 28.533.400 tonnes en 1909 non compris 3.084.600 tonnes destinées au service de la Compagnie. Mais, en raison de la diminution de la taxe moyenne de la tonne, le produit de 1858,

Arles. — Cloitre Saint-Trophime

43.450.000 francs, est devenu seulement six fois et demie plus fort, soit 280.966.000 francs.

Au total, les recettes de la Compagnie ont été de 79 millions en 1858 et de 518.461.000 francs en 1909 ; pendant le même laps de temps, les dépenses ont passé de 31 millions à 279.050 000 francs, d'où il suit que le coefficient d'exploitation a passé de 40% à 53, 22 %.

Cette augmentation du coefficient d'exploitation est due à des causes multiples.

Les progrès de la traction ont réduit le coût du transport de la tonne kilométrique, mais l'ouverture de nombreuses lignes à faible trafic a nécessité la création d'un nombre considérable de trains d'une utilisation difficile et qui accroissent les parcours sans que les produits suivent la même ascension.

Le taux des salaires s'est relevé progressivement. Parallèlement, des réglementations administratives rigoureuses ont diminué la durée du travail augmentant du même coup le nombre des agents et le chiffre des dépenses [1].

Bien que la loi de 1906 sur le repos hebdomadaire ne fût

_____

(1)	1866	1909
Nombre des agents....	33 980	72 140
Salaires et suppléments de salaires	42 825 000 fr.	143 434 900 fr.
Moyenne par agent	1 260 fr.	1 988 fr.

Marseille

pas applicable aux chemins de fer, la Compagnie P. L. M. prenant l'initiative d'en étendre, avec certains tempéraments, le bénéfice à son personnel, a donné à chaque agent 52 jours de suspension de travail par an. Cette mesure a entraîné pour elle un accroissement annuel de dépenses, tant pour salaires proprement dits que pour frais de déplacement et autres accessoires, de 5 millions 1/2, majorant ainsi d'un seul coup les dépenses de 2 %.

Les indemnités pour pertes, retards et avaries sont passées de 0,5 % des recettes en 1858 à 1,18 % en 1909, progression due, en partie, à la masse énorme de colis à manutentionner, à la complication des itinéraires, à la défectuosité des emballages ou récipients employés par le commerce, mais surtout à la loi du 17 mars 1905 qui a édicté la présomption de la responsabilité du transporteur dans tous les cas où les tarifs spéciaux l'en avaient exempté.

Enfin, la Compagnie consacre chaque année à l'amélioration du sort de ses agents, des sommes considérables dont la fraction la plus importante sert à alimenter les caisses de retraites. Leurs dota-

Monaco

Toulon

tions ont atteint en 1909 un total de 19 millions ½ sans compter plus de 4 millions consacrés à des dépenses diverses en faveur du personnel : allocations aux familles nombreuses, secours de maladie, frais médicaux, contribution aux dépenses de séjour dans les sanatoria, hospices ou stations thermales, orphelinats, subventions aux sociétés mutualistes, coopératives, bourses d'études, etc... Le total des sommes consacrées à ces diverses allocations patronales, — presque négligeable au début de l'existence de la Compagnie, — a atteint près de 24 millions en 1909, soit 53 % du dividende distribué aux actionnaires.

De tout ce qui précède peut-on déduire un enseignement pour l'avenir ?

Le développement du réseau est maintenant limité.

Au point de vue du trafic, il est vraisemblable que les recettes de petite vitesse ne grandiront désormais que lentement. Dans la plupart des pays, l'accroissement de la population entraîne une élévation automatique du trafic

Nice

153

Menton

qui vient se superposer à celle qui provient de l'amélioration
des conditions de la vie matérielle, des progrès de l'agriculture,
de l'extension des relations commerciales, etc... En France la
population est malheureusement stationnaire ; l'agriculture et
l'industrie, dans certaines régions, ont peine à recruter la main-
d'œuvre. On ne peut escompter qu'une très faible progression
dans le tonnage extrait des houillères desservies par le réseau P. L. M. ; de même, dans les transports de vins. Il y a
plus d'espoir du côté des engrais dont l'usage se répand chaque
jour davantage, des céréales dont la production augmente en
même temps, des matériaux de construction, des produits métallurgiques ou manufacturés. Si le commerce parvient, en
outre, à maintenir et à étendre ses débouchés à l'étranger, il y aura là un élément sérieux de prospérité.

Les marchandises de grande vitesse paraissent en bonne
voie de développement ; en première ligne les fruits et les
légumes fournissent, com-
me on l'a vu, des tonnages
importants. Une tarifica-
tion spéciale dite " des
colis agricoles " a été éla-
borée pour permettre le
transport des produits de
la ferme et du jardin par
plus grandes quantités
qu'en colis postal et

Tamaris-les-Sablettes

Château
de Vizille

Chamonix
Pont Sainte-Marie

Nimes
Arènes

La prière
au désert

Eze.   Entre les Pins

meilleur marché qu'en messa-
gerie. Elle ne pourra manquer d'exercer une heureuse
influence sur les recettes.
Quant aux voyageurs, leur
nombre est en augmentation
constante : c'est le résultat
d'une propagande incessante
et de la mise à la disposition
du public de combinaisons de tarifs particulièrement séduisantes.

Sous réserve d'évènements imprévus, on peut donc espérer une ascension continue mais modérée des recettes.

Cependant, le coefficient d'exploitation s'accroîtra parallèlement par l'effet du renchérissement général de la main-
d'œuvre et des matières, notamment des métaux et des charbons. D'autre part, on ne peut guère espérer que les progrès
futurs de la traction, tels que l'emploi de l'électricité à la
remorque des trains, procurent des économies notables sur le
coût du transport de la tonne kilométrique. Or, pour maintenir
la situation financière dans son état actuel, il ne suffit pas que la
majoration des dépenses soit équilibrée par l'excédent des
recettes ; il faut encore que le bénéfice net augmente lui-même
tout au moins dans une mesure correspondante à l'accroissement annuel des charges du capital de premier établissement.
C'est à quoi tendront les efforts de la Compagnie.

Oran

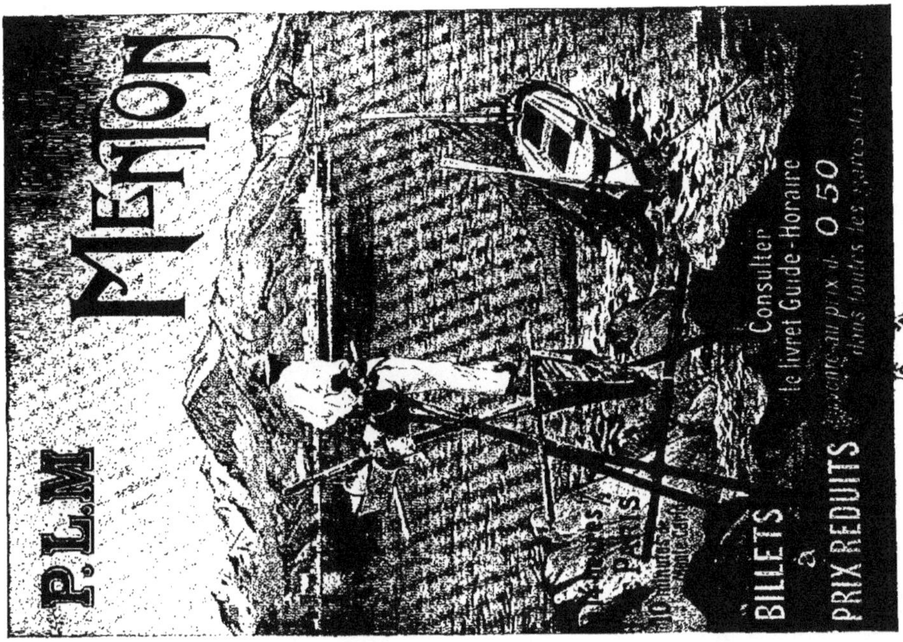

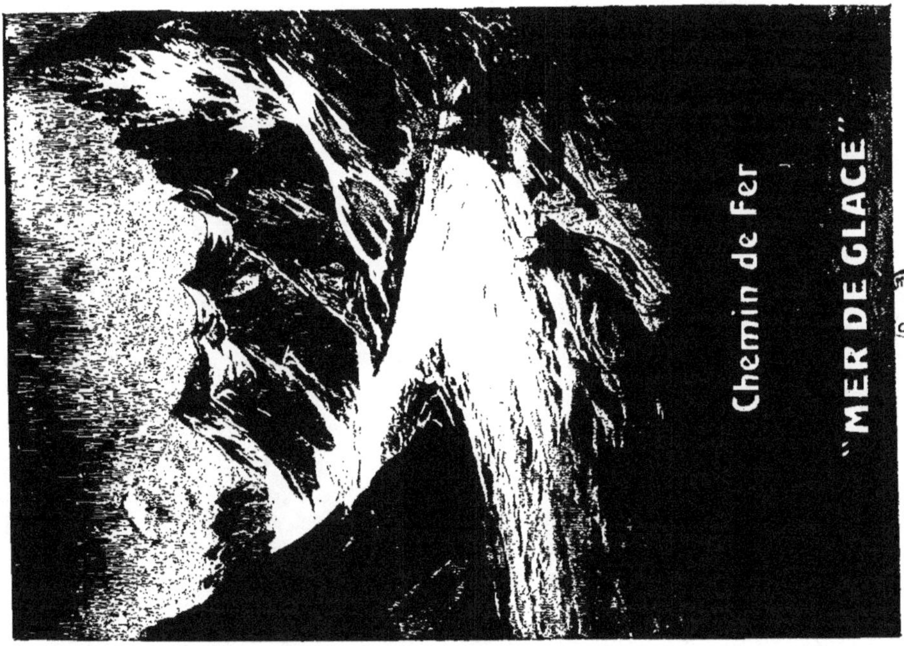

LES BELLES AFFICHES DU P.-L.-M.

15,6

CONCLUSION

QUELQUE destinée que lui réserve l'avenir, le P. L. M. peut être fier de son passé. Comme toutes les grandes Compagnies de Chemins de fer, il offre l'exemple d'une entreprise privée qui a su s'adapter au sol du pays, grandir avec l'épargne nationale et concilier en toute circonstance son intérêt industriel avec les légitimes exigences du bien public. Il est véritablement populaire à la fois par l'extrême diffusion de ses titres et par les ramifications qu'il a poussées dans toutes les parties du territoire qui lui est échu.

Par son capital de premier établissement qui dépasse cinq milliards, par la longueur de son réseau, par la masse formidable de ses transports, la Compagnie est aujourd'hui un élément prépondérant de l'outillage du pays et un merveilleux instrument de progrès économique ; par l'entente de ses devoirs patronaux, par son personnel nombreux, solidement hiérarchisé, profondément attaché à ses devoirs, elle demeure une véritable force sociale.

Dans cinquante ans, l'État, s'il a la sagesse d'attendre cette échéance, entrera sans bourse délier en possession du réseau P. L. M.

"Cette durée, assurément, est encore bien longue pour notre génération; mais on peut entrevoir l'époque où nos enfants profiteront de cette richesse accumulée, si d'ici là on ne la gaspille pas; si d'ici là on n'en fait pas un mauvais usage. La France pourra trouver un jour dans le bon aménagement de ces réserves une ressource considérable pouvant lui permettre de rembourser la dette énorme qui pèse aujourd'hui sur elle."

Ces paroles ont été prononcées le 20 mai 1875 à la tribune de l'Assemblée nationale par M. Caillaux, ministre des Travaux publics.

Après plus de trente ans elles n'ont rien perdu de leur actualité.

G. GOY
Décembre 1910

Côte d'Azur Rapide

TABLE DES MATIÈRES

PREMIÈRE PARTIE

DEUXIÈME PARTIE

ACHEVÉ D'IMPRIMER
POUR
LA COMPAGNIE DES CHEMINS DE FER
DE PARIS A LYON ET A LA MÉDITERRANÉE
LE VINGT-SEPT AVRIL
MIL NEUF CENT ONZE
PAR DEVAMBEZ
PARIS

DEVAMBEZ, GRAV. PARIS

www.ingramcontent.com/pod-product-compliance
Lightning Source LLC
Chambersburg PA
CBHW072040090426
42733CB00032B/2039